KB167838

브레인포그

브레인 포그

내 삶의 몰입과 집중을 되찾는 10가지 방법

BRAIN
FOG

질 P. 웨버 지음
진정성 옮김

한국경제신문

정신없는 일과가 끝나가는 늦은 오후, 사무실을 향하는 나는 눈치챌 틈도 없이 스마트폰을 스크롤하기 시작한다. 해야 할 일들이 가득 쌓여 있는데도 여러 자극들에서 눈을 떼지 못한다. 기분이 멍 하고 붕 뜬 것 같다. 집중력이 떨어져 이 일, 저 일을 두리번거리듯 처리하다 보면 내가 치매에 걸린 것이 아닌가 싶다. 스마트폰, 당분, 맥주가 한없이 떠오르지만, 이런 자극들에 빠져들수록 피로감과 우울감은 더욱 심해진다.

마치 꿈 속을 살고 있는 느낌. 이는 사실, 치매가 아니라 만성 스트레스가 만든 브레인포그의 결과다. 이 스트레스를 불타오르도록 내버려두면 배가 나오고, 자극적인 음식이 당기며, 공허함은 심해지고, 집중력은 떨어지며, 더욱 피로한 상태의 악순환이 뱅글뱅글 돌아간다. 이 시대를 살아가는 모두가 비슷한 기분일 것이다.

잠깐 심호흡을 하자. 여러 자극들로만 빼곡히 채워졌던 우리 삶에 빠져 있었던 자기돌봄을 챙길 때다. 반대 방향으로 기어를 바꾸어 진정한 내 삶으로 돌아가자. 이 책이 제시하는 쉽고 구체적인 방법들을 따르면 여러분의 뇌에 구름이 걷히고, 일상에는 활력이 돌아올 것이다. 심지어 이 방법들은 우리의 노화 속도를 느리게 만들 수도 있다!

정희원. 서울아산병원 노년내과 교수,
《당신도 느리게 나이 들 수 있습니다》 저자

집중력이 떨어지며 감각이 무뎌지는 상태를 '브레인포그', 즉 머리에 안개가 긴 상태라고 한다. 스트레스를 많이 받으면 우리 몸은 긴장 반응으로 인해 코르티솔과 아드레날린 등의 호르몬을 분비한다. 이 상태가 지속되면 온몸의 혈관이 수축되어 혈압은 오르고 온몸이 저리게 되면서 브레인포그 특유의 멍한 느낌을 만들어 낸다. 스트레스에 빼앗긴 집중력과 기억력을 되찾고, 내 머리에서 '브레인포그'를 걷어내고 맑은 하늘같은 청명한 뇌 상태를 유지하고 싶은 모든 이들에게 이 책을 추천한다.

전홍진. 삼성서울병원 정신건강의학과 교수,
《매우 예민한 사람들을 위한 책》 저자

내 길을 밝혀 주는 별,
매트, 매디, 윌리에게 사랑과 감사를 담아

차례

머릿속에 안개가 끼면, 생각은 길을 잃는다

"마음 놓고 푹 쉰다"는 말이 마치 딴 세상 이야기 같을 때가 있다. 잠깐 숨 돌리는 순간조차 과제, 업무, 공부, 육아, 어깨를 짓누르는 일거리가 떠올라 마음이 불편하기 때문이다. 늘 긴장 상태인데 생각은 자꾸 다른 길로 빠져버리고 정신줄을 잡기 힘들다. 몸은 천근만근이고 집중이 안 되며 할 일도 잘 기억나지 않는다. 제대로 살아보려고 애쓰는 순간에도 정신은 제멋대로 어디론가 흘러간다. '오늘 하루를 왜 또 낭비했지? 창고를 치워야 하는데, 옷장 정리해야 하는데, 왜 이렇게 매사 무기력할까? 왜 자꾸 할 일을 깜박하는 거지? 어째서 아무것도 마무리를 못할까? 난 대체 뭐가 문제일까? 전에는 꽤 많은 일을 해냈는데 대체 어떻게 그 랬는지 기억도 안 나, 요즘은 하루하루 허덕이며 보내는 것 같은데…….' 얽히고설킨 생각에 잠겨 시간을 또 하릴없이 흘려보낸다. 공허한 기분이 든다. 쌓인 업무를 처리할 기회, 아이에게 뭐 하나라도 가르칠 시간, 즐거운 일을 하며 보낼 수도 있었던 소중한 여유를 또 날려버렸다는 자책이 이어 진다.

불행인지 다행인지 몰라도 당신만 그런 것은 아니다. 정 도는 다르지만 이런 기분에 젖어서 살아가는 사람들은 무 척 많다. 현대인은 너무 많은 일, 직장, 학교, 인간관계, 가 족 등 온갖 영역에서 요구하는 산더미 같은 짐을 지고서 시시각각 급변하는 불확실한 세상을 살아간다. 시끄러운 국내 정세, 가뭄, 화재, 기후변화로 인한 잦은 이상기온, 널 뛰는 금융시장의 분위기, 최신기술에 발맞추어야 한다는 부담감, 인공지능의 발달로 일자리를 잃을지 모른다는 실 직의 불안과 공포, 코로나19 같은 세계적 비상사태 등 세상 이 던지는 끝없는 스트레스 요인 앞에서 우리는 그만 아득 해지고 만다.

엎친 데 덮친 격으로 스마트폰은 뭐든 즉각 처리해야 하는 분위기를 조성한다. 하루 24시간 연락할 수 있고 언제든 응답해야 할 것만 같은 부담감을 안겨준다. 현대인들은 사회의 분주한 속도에 뒤처지지 않고 생산성을 유지하기 위해 메시지, 이메일, 데이트 어플, 전화, 속보, SNS 알림을 확인하고 또 확인한다.

이런 요인에 얼마나 영향을 받는지는 사람마다 다르겠지만, 사회 전체적으로 보면 이로 인해 발생하는 스트레스의 총량은 엄청나다. 상담을 진행하면서 "겁이 나고", "살얼음판을 걷는 것 같고", "아슬아슬하고 가슴 졸이는" 느낌에 사로잡혀 있다는 말을 자주 듣는다. 이렇게 불안한 시대를 살아내는 것만으로도 힘든데 자신이나 가족의 질병, 이혼, 결별, 배우자의 외도, 실직, 출산 등 살면서 만나는 스트레스 요인까지 추가된다면 정신줄을 똑바로 잡고 있을 힘이 빠져버린다. 이처럼 많은 스트레스로 인해 멍해진 상태를 '브레인포그(brain fog)'라고 한다.

브레인포그에 시달리면 평소처럼 집중하거나 기억하기가 어렵다. 심신이 무겁고 정신이 흐려지며 혼란에 빠지기 쉽다. 반쯤 기계적으로 할 일을 해나가지만 인생, 가족과 친구, 일 등에서 더는 의미와 보람을 찾지 못하게 된다.

만성 스트레스에 시달리면 뇌의 생리학적 반응인 '투쟁-도피 반응(갑작스런 자극이 발생했을 때, 싸울지 도망칠지 결정하는 신체적 반응)'이 계속 켜져 있어, 코르티솔과 아드레날린 등의 스트레스 호르몬이 쉴 새 없이 분비된다. 우울감, 신경쇠약, 기억력과 집중력 감퇴, 멍해지고 잠 못 이루는 증상은 모두 만성적으로 높은 코르티솔 수치와 관련 있다. 오랫동안 "요즘 일진이 영 안 좋네"라고 느끼는 수준 이상으로 사는 게 힘들다면 분명 뭔가 문제가 있다.

많은 사람들이 성공하기 위해서는 스트레스를 받는 것이 당연하고 무리하더라도 자기 능력보다 더 많이, 열심히, 바빠 일해야 한다고 믿는다. 하루에 다섯 시간만 자면서 온종일 커피를 들이붓고 이메일 하나조차 놓치지 않는 삶을 살기 때문에 뒤처지지 않고 유능할 수 있다고 믿는 사람들도 있다. 하지만 이런 생활 방식을 평생 지속할 수는 없다. 잊지 말자. 누구에게나 한계가 있다. 어쩌면 당신은 이미 그 지점에 다다랐고, 스스로 그 사실을 알고 있을지 모른다. 이미 브레인포그가 진행된 것 같고, 더 심해지기 전에 손을 쓰고 싶을지도 모른다. 지금 어떤 상황이든지 간에, 브레인포그는 성공의 필수 조건과 거리가 멀다. 다행히도 이 책에 있는 방법을 실천하면 현 상황이 악화되는 것을 막을 수 있다.

스트레스로 발생하는 브레인포그는 알츠하이머나 치매, 수술, 임신, 코로나바이러스 등으로 인한 의학적, 신경학적 의식혼탁 현상과는 다르다. 의학적 문제가 아니라 주변 환경 및 그에 대한 나의 반응에 기초를 두고 있기 때문이다. 시간이 흐르면서 소소한 스트레스가 축적되면 기운이 소진되고 삶의 방향성을 잃어버리며, 끓던 냄비가 한순간에 흘러넘치듯 더는 건강하게 생활할 수 없는 지경에 다다르고 만다.

그러나 다행히 방향을 수정해서 브레인포그에서 벗어나 명료하고 밝은 햇살 아래로 돌아오도록 이끌 방법이 있다. 내 상태가 스트레스의 소산이라는 것, 스트레스에 대처할 효과적인 방법을 배울 수 있다는 사실을 깨닫는 것만으로도 첫발을 내디딘 셈이다. 이 책은 뇌의 각 측면이 어떻게 움직이는지, 제대로 돌아가려면 무엇이 필요한지를 다루고 있다. 브레인포그에서 벗어나려는 사람들은 뇌와 스트레스의 역학구조를 이해하면서 더 큰 의욕과 변화의 동력을 얻을 것이다.

이 책에서는 스트레스로 인한 브레인포그의 주요 증상들을 설명하고 각 증상에서 빠져나오는 최적의 처방을 제시한다. 이를테면 명해지는 증상을 인지하고, 현재 자신의 문제를 제대로 파악하는 방법, 스트레스로 인한 브레인포그의 특징인 무력감을 이겨내는 뇌 재구성 방법 등을 익힌다. 이 책에서 소개하는 브레인포그 극복법은 모두 실천하기 쉬울뿐더러 인지행동치료, 수용·전념치료, 마음챙김 연습, 신경과학 분야의 연구를 통해 효과가 이미 입증된 것들이다.

자, 이제 흐릿한 안개 속을 벗어나 밝은 햇빛 아래로 한 걸음씩 나아가자.

첫 번째 처방

브레인포그
진단하기

머릿속 안개 지수를 파악하라

BRAIN
FOG

쉴 새 없이 움직이고 숨 돌릴 틈도 없이 여러 일을 하다 보면 머릿속이 멍해지고 집중력이 떨어진다. 능력을 넘어서는 많은 일을 할수록 삶에 집중하고 반추하는 데 쓸 정신적 역량은 줄어들게 마련이다. 노트북에 인터넷 창을 여러 개 열어두었는데 프로세서의 성능이 따라주지 않으면 오류가 나는 것과 같은 이치다. 머리가 흐릿해지면 에너지는 대부분 이미 열려 있는 창을 유지하고 그에 관련된 일을 하는 데 투입된다. 역량을 마음껏 발휘할 수 있게 상황을 개선하거나 다른 해결책을 찾아서 머리를 쓸 여유는 거의 남지 않는다.

　제대로 생각할 겨를조차 없이 일 처리에만 집착하다 보면 지금의 삶과 자신의 모습에 만족할 수 없다. 계속 일에 파묻혀 있으면 뇌는 휴식을 취하기 위해 스스로 정신적 거리두기를 하기 때문이다. 그러면 일을 처리하면서도 지금 하는 행동에 실질적으로 마음을 쏟지 못한다. 시간이 흐를수록 이런 모습은 습성처럼 굳어져 가족을 돌보고, 업무를 보고, 일상을 사는 일을 로봇처럼 기계적으로 처리하게 된다. 진정한 의미나 기쁨을 느끼지 못하게 되는 것이다.

이렇게 무뎌지고 집중력이 떨어지며 무감각한 상태를 브레인포그, 즉 '머리에 안개가 낀' 상태라고 한다. 정신이 다른 데 가 있고 지금 이곳에 집중하지 못하며 갑자기 삶이 벅차고 혼자 동떨어진 듯한 느낌이 든다면, 지금 머리의 용량이 할 일을 모두 소화하지 못한다는 뜻이다. 이 정도 되면 머릿속이 흐릿하고 멍해져서 이런저런 일들이 잘 떠오르지 않고 만성 스트레스에 시달리며 생활이 흐트러진다. 제대로 하는 일이 하나도 없다 싶고, 인생이 엉망이 될 것 같은 열패감이 밀려오기도 한다. 이런 심한 불안감을 누그러뜨리려고 사람들은 '신경을 끈다'. 한도 끝도 없이 자고, 술을 마시고, 약에 의지하고, 멍하니 텔레비전을 보고, 폭식하고, 줄담배를 피우고……. 그리고 다음 날 아침 일어나면 같은 패턴을 반복한다.

나타샤의 이야기

남편과 함께 세 자녀를 키우며 파트타임으로 일하는 회계사 나타샤는 잠을 못 자고 계속 스트레스에 시달린 끝에 상담실을 찾았다. 나타샤의 신경은 매일 할 일을 처리하는 데 강박에 가깝게 집중되어 있었다. 몇 번 상담하는 동안 그녀는 할 일 목록을 끝없이 읊었다. 아이들 일정 챙기기, 학교 행사, 직장 업무, 저녁 준비, 빨랫거리, 사회참여 활동, 자질구레한 집안일……. 듣는 나조차 지칠 지경인데 본인은 어떨지 걱정될 정도였다.

아이들이 마침내 잠들고 나면 나타샤는 남편에게 잘 자라는 인사를 던지고 텔레비전을 몰아보며 무언가를 먹어댔다. 그녀 나름의 스트레스 해소법이었다. 그리고 다음 날 아침 일어나면 똑같은 사이클을 되풀이했다.

주방에 산처럼 쌓여 있는 잡동사니들, 학교 행사 안내문, 견학 동의서, 업무 관련 서류, 세금 신고 자료, 작년 크리스마스에 사용하고 남은 장식이 든 상자……. 끼니때가 되면 나타샤의 스트레스는 더욱 심해졌다. 배달을 시키거나 저녁 시간이 다 되어서야 급히 뭘 해먹을지 궁리했다.

회사에서 나와 7시에 후다닥 장을 보고 8시에 식탁을 차릴 때도 있었다. 같은 반 엄마나 직장 동료들이 종종 조만간 행사나 업무가 있다고 귀띔해 주면, 마치 알고 있다는 듯 대답하고 서둘러 준비물을 챙겼지만 실은 깜박 잊고 있었다. 겉으로는 모든 게 제대로 굴러가는 듯 행동했지만, 내면에서는 계속 일을 제대로 해내지 못한다는 느낌에 괴로웠다.

몇 번의 상담 후, 나타샤는 남편이 자상하고 아이들도 착하며 전반적으로 괜찮은 삶인데도 자신은 일상이 즐겁거나 행복하지 않다고 털어놓았다. 그녀는 처음으로 눈물을 보였다. 자신이 얼마나 고독한지, 진정한 삶과 일상의 행복과 얼마나 멀어져 있는지 깨달은 것이다.

당신이 나타샤와 같은 입장이라고 상상해보자. 이런 고독과 단절의 패턴을 어떻게 뒤바꿀 수 있을까? 해결책은 그리 복잡하지 않다. 자신의 마음 상태가 어떤지, 그런 상태를 불러오는 행동이 무엇인지 깨닫는 데서부터 시작하면 된다.

☁ 목까지 차오르는 물속을 걷는 기분

브레인포그를 겪는 것은 목까지 차오르는 물속을 걷는 것과 같다. 사력을 다해 물 밖으로 머리를 내밀어 숨 쉬려 하지만, 그 와중에도 밀물은 밀려들고 파도는 더 높이 친다. 너무 바쁘고 지쳐서 잠시 속도를 늦추고 자신을 돌아볼 마음의 여유가 없다.

지금 당장 힘든데 멈춰 서서 자신을 돌아보는 일 자체가 또 다른 부담일 수 있다. 살다 보면 눈앞의 일을 처리할 수밖에 없는 상황이 허다하다. 머리를 물 밖에 내밀고 있는 한 죽지는 않으니까, 멈춰서 자신을 돌아보기는 그리 급한 일처럼 여겨지지 않을 수도 있다. 하지만 장기적으로 볼 때, 잠깐이라도 멈춰 서서 자신의 상태를 파악하지 않으면 한 걸음씩 제대로 나아가 안전한 육지에 도달할 수 없다. 어려운 상황에서 벗어나 마음의 평화를 얻고, 창의성을 발휘하며, 더 큰 성공을 이루고, 새로운 기회를 펼칠 수 있는 안정적인 삶을 살 수 있는데도 매일 자멸적인 패턴만 반복할 뿐이다.

목까지 차오르는 물속을 걷기에 바쁜 나머지 지금 머릿속의 안개와 싸우고 있다는 사실 자체를 인지하지 못할 수도 있다. 머릿속의 안개는 분명 걷어낼 수 있다. 그 첫 단계는 잠시 멈추고 내게 도움이 되지 않는 행동 패턴이 무엇인지 파악하는 것이다. 심신을 회복하고 현재에 더욱 집중하며 더 큰 성공과 의미 있는 삶을 원한다면, 우선 내가 제대로 살고 있는지, 자신의 상태를 제대로 알아야만 한다.

| 문제해결 트레이닝 |

머릿속 안개 지수를 파악하자

누구나 때로 머릿속에 안개가 끼게 마련이지만 브레인포그가 일으키는 온갖 증상에 항상 시달리는 사람은 많지 않다. 아래 문장을 읽고 당신의 일상은 어떤지 알아보라.

- 대화 중에 갑자기 무슨 말을 하고 있었는지 잊어버

린다.

- 매일 바쁘면서도 할 일을 다 못 마친 듯한 느낌이 든다.

- 해야 할 일을 잊고 있다가 일정이 닥쳐서야 기억하고 간신히 처리한다.

- 한 가지 일에만 온전히 집중하기 어렵다.

- 내 감정이 정확히 어떤지, 삶에서 중요한 게 무엇인지 잘 모르겠다.

- 허덕이며 하루하루 버틸 뿐, 주도적으로 삶을 영위하지 못한다.

- 만사가 귀찮고 어떤 일에도 의욕이 생기지 않는다.

- 안 바쁠 때는 멍하니 스마트폰만 들여다본다. 아무 생각 없이 스크롤을 내리느라 시간 가는 줄 모른다.

- 매사에 자신감이 없고, 무능한 것 같은 패배감이 든다.

- 항상 피곤하고 지쳐 있다.

- 회의에 들어가면 멍해지거나 헛생각에 빠지기 일쑤다. 의견을 내지 못하거나 아예 낼 생각조차 없다.

- 가면을 쓰고 사는 것 같고, 남들이 진짜 내 모습을 꿰

뚫어 볼까 두렵다.

- 살면서 해야 하는 일들을 처리하긴 하지만, 내면은 곧 부서질 듯 아슬아슬한 기분이다.

- 사람들과 어울릴 심리적, 시간적 여유가 없다고 느낀다.

- 연인이나 가족에게도 속마음을 터놓기 어렵다.

- 무력감 탓에 취직 혹은 승진 기회를 놓치거나 일자리를 잃었다.

- 불면증, 과식 또는 식욕감퇴 등 스트레스가 원인으로 추정되는 신체적 문제를 겪고 있다.

위 내용을 보면서 '내 얘긴데?' 싶은 부분도 있을 테고, 브레인포그가 일상에 끼치는 영향도 좀 더 알게 되었을 것이다. 브레인포그는 어수선하고 흐트러진 느낌을 주는 것 외에도 대인관계를 망치고 가족이나 친구와도 멀어지게 만들며 직장에서 제대로 능력을 발휘하지 못하거나 기억력과 조직력을 약화시킨다. 이 책은 이들을 비롯한 다른 문제들을 해결하도록 이끌어줄 것이다.

이처럼 다양한 방식으로 일상에 모습을 드러내는 브레인 포그의 원인은 도대체 무엇일까? 스트레스는 시간이 흐르면서 반복적으로 노출되면 만성으로 굳어진다. 만성 스트레스는 몸뿐만 아니라 뇌에도 영향을 미친다.

☁ 만성 스트레스가 뇌에 미치는 영향

투쟁-도피 반응은 진화 과정에서 형성된 생존 메커니즘이다. 주변 환경에서 위험이 감지되면 감정 처리를 담당하는 편도(작은 아몬드 모양의 뇌 영역)가 시상하부에 즉각 신호를 보낸다. 시상하부는 위협에 대처하도록 교감신경계를 작동시키고 그 결과 몸이 반응하기 시작한다. 호흡이 가빠지고 심장 박동, 맥박, 혈압이 모두 상승하며 소화가 느려진다. 뇌의 목표는 이제 오직 하나, 눈앞의 위협과 위험으로부터 살아남는 데 모든 에너지를 동원하는 것이다.

벽에 붙은 거미를 보고 깜짝 놀란다거나 눈앞으로 돌진

하는 자동차를 간발의 차로 피한다든가 하는 일반적인 유형의 급성 스트레스 요인을 경험할 때 투쟁-도피 반응이 일어난다. 스트레스 요인이 사라지면, 부교감신경이 작동해서 다시 평소의 상태로 돌아온다. 그러나 눈앞에 나타난 거미나 자동차와는 달리 추상적이며 장기적으로 지속되는 스트레스 요인도 있다. 질병, 이직이나 실직, 지인의 죽음, 이혼 같은 인생의 주요 사건과 위기 등이다. 육아로 인한 어려움이나 사회, 정치 상황과 관련된 스트레스 요인도 이에 해당된다. 이처럼 장기적인 고통을 유발하는 스트레스 요인(브레인포그는 이로 인해 발생하는 경우가 많다)은 뇌에 악영향을 준다. 만성 스트레스를 겪으면 투쟁-도피 반응이 계속 켜져 있어 코르티솔과 아드레날린 등의 스트레스 호르몬이 계속 분비되기 때문이다.

몸의 스트레스 반응과 관련된 호르몬과 신경전달물질은 집중력, 주의력, 학습력, 기억력을 감퇴시킨다. 연구결과에 따르면 몸의 투쟁-도피 반응과 연관된 신경전달물질은 해마 등 학습 및 기억을 관장하는 뇌영역에 영향을 미친다(Vogel and Schwabe, 2016). 스트레스는 두뇌 기능, 특히 기억과 새로운 정보의 학습에도 부담을 준다.

우울하거나 기분이 가라앉고 삶의 목적을 상실하고 기억력과 집중력이 떨어지고 잠을 설치는 이유는 모두 만성적으로 높은 코르티솔 수치와 연관 있을 가능성이 크다. 안개속을 헤매는 듯한 느낌은 뇌가 몽롱한 상태여서 주변 상황을 제대로 처리하지 못하기 때문이다. 이렇게 되면 문제를 올바로 해결하고, 학습하고, 새로운 정보를 받아들이는 능력이 떨어진다.

그러나 좋은 소식이 있다. 이런 악순환을 끊어내고 원하는 삶을 살 수 있다는 것이다.

달라진 나타샤: 자신의 상태를 파악하다

나타샤는 자기효능감이 바닥을 친 상태로 상담실을 찾았다. 할 일이 너무 많아서 따라가기에도 벅찬 와중에 자신이 무능하다는 자괴감에 시달리고 있었다. 우리는 스트레스 반응이 몸에 어떻게 일어나는지 함께 이야기를 나누었다. 이후 일주일간 나타샤는 몸의 스트레스 반응이 자신에게 미치는 영향을 이해하기 위해 나타나는 증상을 기록했다. 식사패턴, 수면주기, 활기, 운동, 기억력에 관한 내용을 휴대전화의 메모 앱에 매일 기록했다. 다음 상담을 시작할 즈음 나타샤는 자신의 상태를 전보다 훨씬 잘 파악하고 있었다.

나타샤는 평균 수면 시간이 5시간에 불과하고, 주로 탄수화물 위주의 음식을 먹으며, 바쁘지 않을 때는 완전히 지친 상태라는 사실을 깨달았다. 낮에는 무슨 일을 하든지 심박수가 빨랐고 머리는 할 일 목록을 훑고 계획을 짜는 생각 등으로 항상 소용돌이치고 있었다. 일하는 동안에는 내내 책상 앞에 앉아 있고 화장실에 갈 때나 일어난다고 했다. 게다가 이런저런 일들을 잊어버리기 일쑤였다. 회사 프로젝트나 자녀의 학교 행사에 관한 이메일을 찬찬히 살펴보려 해도 금세 다른 뭔가가 튀어나와 주의를 끄는 바람에 집중력이 흐트러지고는 했다.

이런 사실을 새로이 깨달은 나타샤는 자신의 생활방식을 진지하게 돌아보기 시작했다. 그 결과 규칙적인 수면과 충실한 식사, 운동과 휴식(긴장 완화) 등 꼭 필요한 것을 누리지 못하는 악순환에 빠졌다는 사실을 알게 되었다. 그

와중에 더 빠릿빠릿하지 못하다는 자기비판은 덤이었다. 그러나 이제 나타샤는 그런 자책이야말로 몸의 스트레스 반응을 심화시킨다는 사실을 깨달았다. 스스로 비난하는 일을 그만두고 현 상황의 원인이 브레인포그라는 점을 인정했다.

이후 나타샤는 일상을 바꾸려고 노력했다. 일정을 조율하여 최대한 자신을 돌보고, 힘들 때면 자신을 비난하는 대신 더욱 따뜻이 대하면서 상황을 개선하는 데 집중했다.

이제 당신도 자신의 상황을 정확히 파악해보자.

| 문제해결 트레이닝 |

내 몸의 스트레스 반응을 파악하자

잠시 가만히 생각해보자. 원하는 목표를 달성하지 못하고, 무감각해지며 그 결과 자책을 일삼고 몸의 스트레스 반응을 높이는 악순환에 빠졌는가? 그렇다면 지금부터 일주일간 아래 항목을 기록해보자.

- 매일 몇 시간 자는가?
- 얼마나 자주 무언가를 잊어버리는가?
- 영양을 고려한 식단을 챙기고 있는가? 채소, 과일, 단백질, 통곡물로 이루어진 균형 잡힌 식단을 먹을 때와 그렇지 못할 때를 기록해두라. 무심코 과식한 것도 적어두고, 식사를 건너뛰어서 뇌가 제대로 돌아갈 만큼의 열량을 섭취하지 못했다면 그 부분도 기록하자.
- 하루 동안의 체력은 어떻게 변하는가? 아침, 점심, 저녁으로 각기 체력 수준이 높은지, 중간인지, 낮은지 적어보자.
- 매시간 혹은 날마다 머리가 멍해지거나, 한눈팔거나, 몽상에 빠지는가?
- 새로운 정보를 받아들일 때, 머릿속에 넣어두거나 일정표에 적는가 아니면 곧장 다른 무언가에 시선을 돌리는가? 얼마나 자주 산만해지고, 공상에 잠기며, 눈

앞의 상황과 동떨어진 일에 대해 생각하는가?

- 운동은 얼마나 하는가? 걷기나 달리기 등 하루를 기운차게 보내는 데 도움이 될 만한 어떤 운동을 하고 있는가? 하루의 대부분을 앉아서 보내는가? 항상 종종걸음을 치고, 잠시도 긴장을 풀고 쉬지 못하는가?
- 스트레스를 받으면 어떤 신체 증상이 나타나는가? 심장이 두근거리거나, 생각이 휙휙 스쳐지나가거나, 몸이 경직되고, 가슴이 답답하고, 배가 아픈가?

각 영역에서 다룬 위의 스트레스 반응을 매일 기록하자. 눈에 띄는 부분은 무엇이든 적어두자. 스트레스가 어떤 부분에 가장 큰 영향을 미치는지 알아내면 브레인포그를 극복하는 데 도움이 된다.

매일의 스트레스 경험과 브레인포그에 대해 알아봤으니, 이제 스트레스를 줄이고 브레인포그를 극복하는 방법을 살펴보자. 당신은 분명 지금보다 삶이 더 좋아지기를 바랄 것

이다. 이 책을 집어 들었고 읽고 있으니까. 머리가 더 맑아
지고 다시 정상적인 생활을 하며 높은 생산성을 발휘하면
어떤 긍정적 결과를 얻을 수 있을까?

| 문제해결 트레이닝 |

목표를 되새기자

브레인포그를 극복하는 과정에서 엔진 역할을 해줄 몇
가지 목표를 정리했다. 각자 해당하는 곳에 표시해보자.

- 업무 생산성을 끌어올리고 싶다.
- 회사에서 성과를 내고 싶다.
- 성적을 올리고 싶다.
- 내 인생에 만족하고 싶다.
- 더 좋은 부모/연인/친구/동료가 되고 싶다.
- 자기효능감을 높이고 싶다.
- 내가 원하는 인생을 살고 싶다.

- 마음의 평화를 누리고 싶다.
- 지금 이 순간에 집중하며 소중한 사람들과 항상 의미 있는 시간을 보내고 싶다.
- 더 유능한 사람이 되고 싶다.
- 남 앞에서 나 자신의 모습대로, 진솔하게 행동해도 된다는 자신감을 갖고 싶다.
- 가면을 쓰거나 남을 속이지 않고 떳떳이 자신을 드러낼 수 있는 일상을 살고 싶다.
- 매일을 더 즐겁게, 웃으며 살고 싶다.

내게 특히 중요한 목표가 있다면 일지에 쓰라. 위의 목표 외에도 브레인포그를 극복함으로써 이루고 싶은 구체적 목표가 있다면 적어두자.

자신의 현재 상태를 제대로 이해하는 것은 지금 내 일상을 몰아가는 스트레스에 대처하고 브레인포그에서 벗어나 자신을 잘 돌보기 위한 첫걸음이다.

1장 총정리

만성적인 생존 모드(투쟁-도피 반응 상태)로 살고 있다면 잠시 멈춰 서서 성찰하기란 불가능에 가깝다. 머릿속에 안개가 자욱하다면 심리적 리셋이 필요하다. 리셋 과정은 자기성찰에서 시작된다. 자신을 제대로 파악해나가는 과정은 생존 모드의 쇠사슬을 끊어준다. 브레인포그가 우리의 머리와 몸, 삶의 질에 미치는 영향을 알아보면서, 나의 에너지를 잡아먹는 악순환에서 벗어나는 여정을 계속해나가자. 다음 장에서는 지금 내 발목을 잡는 무력감에서 벗어나 더 유능하게 생활하고 일상의 주도권을 잡는 방법을 살펴보자.

• • •

자신의 현재 상태를 제대로 이해하는 것은
지금 내 일상을 몰아가는 스트레스에 대처하고
브레인포그에서 벗어나 자신을 잘 돌보기 위한 첫걸음이다.

무력한
뇌 깨우기

통제당할 것인가, 통제할 것인가

BRAIN
FOG

사람들은 불가능한 일을 하려고 발버둥 친다. 맡은 소임을 다하고 업무를 완벽하게 처리하며 최고의 배우자나 부모 노릇을 하려고 애쓴다. 그 모든 일을 훌륭하게, 게다가 기분 좋게 해내려 한다. 이렇게 불가능한 목표를 세워놓고는 실패하면 자책하고 우울해한다. 내담자에게 종종 듣는 말들이 있다. "저는 제대로 하는 게 하나도 없어요", "제자리에서 맴도는 기분이에요", "벽에 머리를 쿵쿵 찧어대는 것 같아요." 해내야 하는 수많은 일 앞에서, 우리는 아무것도 못할 것 같은 패배감에 수시로 빠져든다.

자기 역량을 넘어서는 일을 해야 할 때 사람은 무력감을 느낀다. 삶을 제대로 영위할 수 없고 그 사실을 알면서도 상황을 바꾸지 못한다. 어깨에 지워진 짐이 너무 무겁기 때문이다. 시간이 잠시 멈춰 준다면 기운을 차리고 앞으로 나아갈 새로운 전략을 짤 수 있을지도 모른다. 그러나 현실의 시간은 멈추지 않으므로, 인생을 헤쳐나가고 관리할 방법을 파악할 시간을 의식적으로 마련해야 한다.

이런 딜레마에 빠져 있다면 잠시 시간을 갖고 심사숙고하는 일이 내키지 않을 수 있다. 삶을 관리하는 내 방법이 잘못되었다는 사실을 받아들이기 어렵기 때문이다. 속도를 늦추고 생활방식을 바꾸면 마치 실패를 인정하는 것 같다 (역설적이게도 가까스로 삶을 지탱하고 있을 때 실패를 인정하기가 더 어렵다).

그래서 사람들은 시간을 내어 생활을 관리하고 생산성을 높일 새로운 전략을 개발하는 대신, 하던 대로 그냥 산다. 물속으로 몸이 점점 가라앉는데도 매일 같은 패턴을 반복한다. 삶 앞에 무릎 꿇었다는 쓰디쓴 사실을 인정하지 않아도 되기 때문이다. 그러나 장기적으로 보면 결국 그 끝은 자멸이다. 이런 상황은 절대 저절로 좋아지지 않으므로.

노아의 이야기

노아는 타의에 의해 상담실을 찾은 경우였다. 부인이 상담을 받지 않으면 이혼하겠다고 선언했기 때문이다. 지난 1년은 그에게 폭풍 같은 시간이었다. 팬데믹이 닥치기 전 노아는 회사에서 친구와 동료에 둘러싸여 근무했다. 매달 출장을 갔고 그때마다 새로운 경험을 하며 영감을 얻었다. 업무성과가 뛰어나 보너스, 승진, 표창 등의 보상도 심심찮게 받았다. 아내와 두 딸을 무척 사랑했으므로 퇴근길도 즐거웠다. 집안일에도 열심이어서 부인은 결혼생활에 무척 만족했고 노아는 그 부분에서도 자부심을 느꼈다.

그러나 팬데믹이 시작되면서 모든 것이 엉망이 되었다. 부부는 재택근무, 아이들은 원격 수업에 돌입했다. 노아의 말을 빌리자면 매일이 그를 '휘둘렀다'. 업무를 처리하는 틈틈이 아이들을 돌보느라 정신이 없었다. 업무 전화를 받으면서 아이들이 원격 수업 사이트에 로그인하도록 도와야 했고, 돌아와 책상 앞에 앉으면 무슨 업무 중이었는지 잊어버렸다. 다시 정신을 추스르고 일을 시작할라치면 부인이 회사에서 온 전화를 받는다거나 한 아이가 원격 수업 과제를 놓쳐서 우는 소리가 들려왔다. 그러면

또다시 일어나 아이를 달랜 뒤 머릿속이 뒤죽박죽인 채로 일을 시작하는 것을 반복했다.

노아는 모든 일을 다 해내야 한다는 스트레스를 떨치기 위해 자기도 모르게 끝없이 인터넷서핑을 하거나 SNS를 들여다보았다. 팬데믹이 언제 끝날지 기약이 없다는 점도 스트레스의 요인이었다. 하루가 끝나갈 즈음, 노아는 자신의 모습에 실망하고 쓰디쓴 패배감에 젖어 이렇게 생각했다. '노력해봤자 무슨 소용이야.'

문제는 거기서 끝나지 않았다. 팬데믹의 여파로 업무량은 늘어났는데 마음 놓고 쉴 시간은 줄어들었다. 노아는 이제 친구들을 만나지도 않고, 스포츠 중계를 보거나 운동을 하지 않았다. 과거에는 자주 즐겼던 여가생활이었는데 말이다. 잡념을 털어내고 삶의 목표를 유지하며 문제에 대처할 여력은 더 이상 남아 있지 않았다. 과음하고 쓰러져 자는 날이 늘어났다. 시간이 흐를수록 노아는 지쳐갔고 부부 갈등도 심각해졌다. 목표와 초점은 더욱 불투명해졌다. 제대로 되는 일이 하나도 없고 어떻게 해도 상황은 바뀌지 않을 것 같은 무력감이 엄습했다.

장기간 스트레스에 노출되면 스트레스에 맞서거나 버티려고 애쓰다가 실패하는 패턴이 반복되기 쉽다. 부정적 행동 패턴이 반복되면 자기실현적 예언이 되고 만다. 아무데도 갈 수 없는 쳇바퀴처럼 살 운명이라고 체념하는 것이다. 이처럼 절망적인 감정을 심리학에서는 '학습된 무력감'이라고 한다. 목표를 달성하고 필요한 일을 하며 삶을 즐기고 사랑하지 못할 것 같은 느낌을 뜻한다.

☁ 학습된 무력감과 브레인포그

브레인포그 탓에 패배감과 피로감에 시달리며 삶의 목표에 집중하지 못하면 학습된 무력감이 활개 친다. '어차피 실패할 건데 노력은 왜 해?' 학습된 무력감이 뿌리내리면 툭하면 포기하게 된다. 주어진 상황 안에서 무언가 해보거나 상황을 딛고 일어서지 않고 '이젠 아무것도 해낼 수 없어'라고 체념한다. 실직 위기, 해고, 외로움, 인간관계 문제, 정치적 불안, 질병 등 살면서 부딪히는 난관에 지혜롭게 대처하지 못한다. 브레인포그를 해결할 능력이 없는 것이다.

성격심리학에서 '통제위치(locus of control)'는 개인이 자신의 성공이나 실패에 얼마나 책임을 느끼는지를 가리킨다. 라틴어로 로쿠스(locus)는 '위치'를 뜻한다. 나의 통제위치는 내 삶을 통제하는 힘이 내게 있는지(내재적 통제위치) 아니면 내가 영향을 미치지 못하는 외부 존재에게 있는지(외재적 통제위치)에 따라 결정된다.

통제위치에 대한 연구는 폭넓게 이루어져 왔다. 내재적 통제위치는 건강에 도움이 되는 행동을 하고, 마음의 안정을 경험하며, 인간관계에서 만족감을 느끼고, 일에서 성취감을 갖는 데 중요한 요소다. 노아처럼 통제위치가 외부에 있고 삶의 향방이 외적 요인에 달려 있다고 느끼면 브레인포그에 반응하는 과정에서 우울해지거나 과음 같은 나쁜 습관에 빠지기 쉽다. 나의 통제위치를 바꾸고 스트레스를 유발하는 환경에 대응하는 등 내가 통제할 수 있는 일을 책임지는 법을 배우면 무력해지거나 체념하지 않고 건전한 방식으로 브레인포그에 대처할 수 있다.

명심해야 할 점이 있다. 통제위치가 내재적이라 해서 삶을 완벽히 제어할 수 있는 것은 아니다. 누구나 감당하기 어려운 외부 요인을 마주하거나 향후 일어날 일을 통제할 수 없는 순간에 맞닥뜨리게 마련이다.

내재적 통제위치 형성에 영향을 미치는 요인은 다양하다. 특히 아이가 성장기에 이룬 성공과 실패에 가족 및 양육자가 보이는 반응은 통제위치에 큰 영향을 미친다. 노력과 과정에 대한 칭찬과 보상 없이 성공적인 결과만 칭찬하면, 아이는 외재적 통제위치를 형성할 가능성이 크다. 자신이 기울인 노력보다는 타인의 긍정적 평가에 자존감이 좌우되기 때문이다. 또한 양육자가 외부 사건 때문에 자신의 인생이 바뀌었다고 탓하거나 자신의 결정이나 행동에 충분한 내재적 책임을 지지 않으면, 아이의 통제위치도 외재적으로 형성될 수 있다. 아동기와 성인기에 일정 기간 통제 불가능한 사건(사회경제적 위치, 트라우마, 학대, 전쟁, 사회적 불안 등)에 휘말려도 외재적 통제위치가 형성될 가능성이 크다.

브레인포그에 시달리고 있다면 통제위치가 외재적일 수도 있지만, 오히려 지금까지 삶을 잘 제어하고 자신 있게 살아왔을 수도 있다. 지나치게 많은 스트레스 요인에 노출되면 균형감각을 잃고 더는 예전처럼 삶을 제어하지 못한다고 느끼면서 통제위치가 내부에서 외부로 옮겨가기 때문이다.

브레인포그를 이해하고 대처하려면 내가 통제할 수 없는 외부 요인에서 원인을 찾고 있진 않은지 살펴야 한다. 나의 성공과 실패를 결정짓는 주체가 자신이라 생각하는가 아니면 운명이라 생각하는가? 살면서 겪는 난관 때문에 계속 화나고 속상하다면, 기분이 널 뜰 때 누구를 탓하는지 생각해보자. 그러면 자기 능력이 어느 정도라고 생각하는지, 자신의 인생과 행동에 얼마나 책임감을 느끼는지 파악할 수 있다.

ㅣ 문제해결 트레이닝 ㅣ

나의 통제위치를 파악하자

내 삶을 지배하는 것은 누구일까? 아래 질문에 예/아니오로 답하라.

	질문	예	아니오
1	인생에서 일어나는 좋은 일들이 행운이나 우연이라 생각한다.		
2	좌절하거나 실패했을 때 남을 원망한다.		
3	기분이 상할 때는 감정을 주체하기 어렵다.		
4	친구, 연인, 가족과 말다툼을 할 때는 상대가 저지른 잘못을 곱씹는다.		
5	인간관계나 업무에서 난관에 부딪히면 그냥 다 포기하고 싶다.		
6	(능동적으로 생각하는 대신) 매일 벌어지는 상황에 반쯤 기계적으로 대응하면서 생활한다.		
7	현재 나의 마음 상태가 어지러운 이유는 여러 사건(정치, 국제적 상황, 업무 스트레스, 가정 내 변화 등) 때문이라고 생각한다.		
8	결국 제자리를 맴도는데도 같은 행동을 매일 반복한다.		
9	내 마음 상태를 스스로 책임 지는 대신 핑계를 댄다. "스트레스를 받아서 그래", "더는 못하겠어", "너무 힘들어", "정신없이 바빠", "다들 내게 바라는 게 너무 많아."		
10	노력하고, 안전지대를 벗어나고, 새로운 대응전략을 시도해도 달라지는 일은 없을 것 같다.		

모든 항목에 '예'라고 답했다면 통제위치가 항상 외부에

있다고 보면 된다. 일부 항목에만 '예'라 답했다면 특정

상황일 때만 통제위치가 외부에 있다는 뜻이다. 통제위치가 건전하고 유용한 수준을 넘어 지나치게 외재화되어 있다면, 내재화할 방법을 찾아야 한다.

위 트레이닝을 실천하면서 노아는 자신이 능동적으로 움직이거나 난관에 적극 대처하지 않으며 유연성과 회복 탄력성이 매우 취약한 상태라는 사실을 직시했다. 지금 겪는 마음의 문제가 팬데믹 탓이라고 여겼지만, 진짜 원인은 그동안 스트레스에 능동적으로 대처하지 않았던 자신이라는 사실도 깨달았다(팬데믹 때문에 생활이 여러모로 불편해진 것은 사실이지만, 팬데믹이 일으킨 스트레스에 대응할 방법이 아예 없진 않았다).

상황에 대한 핑계 대기에만 급급해 모든 문제가 외부 요인 탓이라 생각한다면 머릿속을 뒤덮은 안개 속에서 다른 길을 찾지 못하고 지나치게 된다. 내 역량에 대한 자신감과 에너지를 북돋워주고 스스로 세운 더 큰 목표에 가닿게 해줄 길을 놓칠 수 있다. 내가 내 삶을 제어할 수 있다고 생각하면 마음이 차분해진다. 더 성숙하고 융통성 있게 살도록 노력하면 분명 보상이 따를 것이다.

🌥 자기연민의 덫

내 삶을 제어할 수 있다고 믿고 행동한다고 문제가 다 해결되진 않는다. 문제 상황이 (지금 대처방식으로) 버텨낼 수 있는 수준을 넘어서면 자기연민에 빠지게 된다. 힘겹고 스트레스 심한 현 상황이 개선될 여지가 없다고 느껴지면 그냥 포기하고 삶의 희생양이 되었다고 체념해버리기 쉽다. 마음은 이해하지만 그러면 상황은 더 악화되고 스트레스만 커져 브레인포그에서 벗어나기 어렵다.

완벽하게 제어할 수 없는 힘든 상황에 부닥친 사람은 부지기수로 많다. 살다 보면 주변 상황, 예측도 통제도 불가능한 결과, 각자 생각과 욕망이 분분한 사람들에게 대응해야한다. 문화적, 정치적, 경제적 사건은 인생에 엄청난 영향을 미치는 데다 개인으로서 대처하기도 어렵다. 그 결과 만성스트레스와 브레인포그가 찾아온다. 나쁜 일이 생기면 사람은 당연히 낙심할 수밖에 없다(특히 한동안 브레인포그에 시달린 뒤라면 더욱 그렇다). 그러나 이때 자기연민이라는 늪에 빠지지 않도록 주의하라. 앞서 소개한 트레이닝을 통해 내재화한 통제위치를 바탕으로, 주어진 상황에서 내가 제어할 수 있는 부분을 파악하고 무엇을 어떻게 바꾸어나갈지 알아보자.

| 문제해결 트레이닝 |

내가 제어할 수 있는 것을 찾아보자

어떤 문제 상황에 처해 있든, 내가 제어할 수 있는 부분은 생각보다 많다. 아래 목록을 살펴보고 각 항목에 대한 나의 행동과 반응 방식을 어떻게 바꾸면 좋을지 살펴보자.

내가 제어 가능한 부분

- 나의 반응

- 나의 건강을 돌보는 행동

- 내 마음의 평화

- 나의 자존감

- 변화에 대한 나의 태도

- 나의 영양상태

- 나의 운동

- 나의 자유시간

- 남에 대해 내가 긋는 경계선

- 자기돌봄

- 나의 부정적 생각

- 나의 불안

- 나의 기쁨

- 나의 기분

- 나의 즐거움

- 나의 사랑하는 힘

아무리 어렵고 힘든 상황이라도 내가 통제할 수 있는 부분은 분명 존재한다. 난관 그 자체, 문제의 여러 측면, 상황을 해석하고 대응하는 방식 등에서 제어 가능한 부분을 찾아보자. 자신이 생각만큼 무력하지는 않다는 사실을 알게 될 것이다.

이 책에는 살면서 마주치는 사건이나 문제를 제대로 해석하고 대처하는 방법들이 담겨 있다. 신경과학 연구에서도 보듯, 인간의 모든 행동은 뇌의 특정 뉴런을 작동시킨다. 어떤 행동을 자주 하면 해당 뉴런이 자주 작동하고, 특정 뉴런이 자주 작동하면 그 행동이 뇌에 각인된다. 그래서 (노아가 스트레스를 받을 때 온라인 세상에 빠졌듯이) 어떤 대처방식은 브레인포그를 이겨내는 데 도움되지 않는데도 자동적으로 나타난다. 습관으로 굳어진 것이다. 하지만 뒤집어 생각하면 희망이 보인다. 행동을 바꾸면 실제로 뇌도 바뀌기 때문이다. 행동을 바꾸고 일관되게 실천하면 뇌가 변해서 새로 각인된 행동을 쉽고 자연스럽게 받아들인다.

☁ 숙달된 행동이 뇌에 미치는 영향

신경심리학 박사 도널드 헵(Donald Hebb)은 뇌의 뉴런과 학습의 관계를 이해하기 위한 폭넓은 연구를 진행했다. 헵은 새로운 경험을 하면 뇌가 변한다는 이론을 개발한 장본인이기도 하다. 어떤 학습이 반복되면 관련된 뉴런이 탄탄하게 연결되어 더 쉽게 작동한다. 새로운 학습경험은 이런 방식을 통해 기억에 남고 시간이 흐르면서 뇌에 각인된다.

뇌는 에너지 소비를 줄이기 위해 이미 각인된 익숙한 기존 회로를 계속 작동시키려 한다. 그래서 브레인포그에 시달리는 사람은 힘들지만, 오히려 뇌는 익숙한 그 상황을 편안하게 느끼고 스트레스 요인이 나타날 때마다 기존의 신경회로를 작동시킨다.

그러나 다행히도 신경과학 연구결과에 따르면 뇌는 생각보다 훨씬 유연하다. 일정 기간 특정 경험을 반복하면 뇌는 그에 적응해서 성장한다. 운동선수, 음악가, 수도승은 각각 운동하고, 연주하고, 명상함으로써 추구하는 방향에 따라 뇌의 역량을 늘려나간다. 청력이나 시력을 잃으면 다른 감각에 연관된 신경회로가 증가한다. 일례로 청각장애인은 주변 시야가 넓은 경우가 많다(Bavelier, Dye, and Hauser 2006).

'신경가소성'은 행동 습관과 사고패턴을 바꾸면 뇌의 회로가 물리적으로 바뀌는 성질을 가리키는 용어다. 이미 고정된 행동을 바꾸는 일은 처음에는 쉽지 않다. 언제나 같은 길로 장을 보러 다녔는데 새로운 길로 가도록 뇌를 훈련하려면 의식적으로 노력해야 한다. 그렇지 않으면 뇌는 기존의 익숙한 길을 선택하기 때문이다. 하지만 일정 기간 새로운 길로 다니면 새 뉴런이 자주 작동해서 결국에는 노력하지 않아도 쉽게 그 길을 걸을 수 있다.

지금 브레인포그와 학습된 무력감에 젖어 있다면 노력에 따라 궁극적으로 뇌의 회로를 바꿀 수 있으니 용기를 내자. 주의, 사고, 동기, 집중에 관련된 시냅스 경로는 꾸준히 학습하면 모두 바꿀 수 있다. 주기적으로 계속 새로운 일을 하면 뇌는 달라진다. 브레인포그에 갇히는 과정(뇌가 어떤 상황에 작동하는 특정 반응이 시간이 흐르면서 습관처럼 굳어지는 것)은 브레인포그에서 벗어나 집중력과 차분함을 되찾는 과정과 같다. 생각과 행동을 바꾸고, 상황에 건전하게 대처하는 습관을 반복 실천하면 긍정적 변화가 찾아올 것이다.

무력감을 느끼고 상황을 제어할 수도, 브레인포그에서 벗어날 수도 없으며 아무것도 변하지 않을 거라 생각하면 자기연민의 늪에 빠지기 쉽다. 그 늪에서 벗어나 새로운 신경회로, 행동, 변화, 역량, 편안한 삶으로 나아가고 싶은가? 그럼 먼저 브레인포그에서 탈출하면 삶이 어떤 모습일지 상상해보라. 지금처럼 막막한 기분에 젖어 있는 대신, 새로운 행동을 계속 실천해서 무력감을 극복한다면 우리는 어떤 삶을 살게 될까?

| 문제해결 트레이닝 |

브레인포그가 없는 일상은 어떤 모습일까

브레인포그는 주의를 흐트러뜨리고 기운을 좀먹기 때문에 당장은 원대한 목표를 생각할 여유가 없을지 모른다. 그래도 잠깐 짬을 내어 상상해보자. 목까지 차오르는 물속을 걷는 듯한 스트레스가 마침내 사라지면 어떤 느낌일까? 사랑하는 사람들과 잘 지내고, 사생활과 직장생활의 문제들이 해결된다. 거짓된 모습을 꾸며내고 있다는 죄책감에 시달리지도 않고, 문제를 해결하지 못한다며 무력감에 빠질 일도 없다. 어깨를 짓누르던 무거운 짐이 사라졌다. 나 자신이 상황을 제어할 수 있다. 그렇게 되면 삶은 어떤 모습일까? 어떤 느낌이 들까? 무엇보다도, 나는 어떤 행동을 하게 될까?

브레인포그에서 탈출하면 내 삶이 어떻게 바뀔지 일기에 써보자. 아래 문장에 이어서 적어도 좋다.

- 지금처럼 항상 스트레스에 시달리지 않는다면 내가 하게 될 일은 아마도……
- 지금처럼 정신없는 상태가 아니라면 내가 가장 먼저 하고 싶은 일은……
- 능력이 있고 삶이 제대로 정돈되어 있다고 느껴진다면 내 마음은……

- 삶의 중심을 되찾는다면 나에게 가장 중요한 것은 아마도……
- 마음이 편안하다면 내가 새롭게 시작할 일은……

만성적인 스트레스가 없다면 나는 어떤 삶을 살지 생각하고, 그 내용을 바탕으로 목표를 정하자. 그리고 목표를 적어두자.

나 자신을 위한 목표를 정하는 것만으로도 신경회로가 다시 형성되기 시작한다. 목표가 크든 작든 상관없다. 일상의 스트레스와 브레인포그가 다시 나를 찾아와 무력하게 만들어도 그 목표를 놓지 않는 것이 무엇보다 중요하다.

노아는 브레인포그가 걷힌 이후의 삶에 대해 생각해보았다. 재택근무가 계속되고 출장이나 회사 생활에 따르는 복지를 누리지 못할 바에야 직접 창업하는 편이 더 재미있을 것 같다는 결론에 이르렀다. 처음에는 창업이라는 단어를 떠올리기만 해도 버거웠다. "지금 당장 창업이라니, 상상도 못할 일이에요." 하지만 그 생각은 작은 불꽃을 일으켜주었다. 나와 상담한 후, 노아는 매일 15분간 혼자서 조용히 호흡하며 몸과 마음에서 어떤 일이 일어나고 있는지 성찰하기로 했고 매일 열심히 실천했다. '내가 진짜로 원하는 건 뭘까?' 파악하고 자신을 돌아보는 작은 여유가 더 큰 성장을 불러왔다. 노아는 예전에 했던 운동을 다시 시작했고, 부인과 함께 시터 고용을 논의하고, 궁극적으로는 창업이라는 더 큰 목표를 실행에 옮길 역량이 있다고 믿게 되었다.

당신도 노아처럼 두뇌를 다시 훈련시킬 수 있다.

뇌의 재훈련

뇌는 사람들의 원대한 다짐을 꺾을 방법을 많이 알고 있다. 그래서 무엇을 해야 할지 알아도 기운을 내서 실행에 옮기지 못하는 사람이 많다. 전과 다른 방식으로 삶에 접근했다가도, 나도 모르는 사이 인스타그램에 빠지거나 귀여운 강아지 사진을 검색하고 있다. 그러다 하루가 끝나고, 자괴감이 밀려들고, 다음날 일어나서 또 같은 쳇바퀴를 돌린다. 삶의 초점을 유지하고 마음을 제어하지 못하기 때문이다. 이제 삶의 초점을 맞추는 방법을 알아보자.

| 문제해결 트레이닝 |

매일 15분간 삶의 초점을 찾자

뇌가 반쯤 기계적으로 할 일을 처리하는 데 그치지 않고 더 큰 목표에 초점을 맞출 수 있도록 매일 훈련해보자. 빠르고 쉬운 훈련이지만 매일 실천해야 한다. 일정표에 표시하거나 휴대폰에 알림을 설정하고 하루 15분 동안 의지를 갖고 매일 실천하자.

1. 15분 타이머를 맞춘다.
2. 브레인포그에서 벗어난 삶의 모습을 쓴 글을 다시 읽어보고, 나를 위한 목표를 설정한다.
3. 만성 스트레스에 시달리지 않았다면 목표 달성을 위

해 무엇을 했을지 생각해본다.

4. 목표 달성을 위해 한 발짝 내디딘다. 15분간 집중할 주제를 정하는 것이다. 영수증이나 재정상태를 기록할 엑셀 파일을 만들거나, 구직활동을 하거나, 새로운 취미를 찾아보거나, 담당 회계사에게 연락하거나, 웹사이트를 만들 수도 있다. 파워워킹을 하거나, 오랜 친구에게 연락해서 우정을 확인하거나, 가족과 의미 있는 시간을 보낸다거나 호흡에만 집중해도 좋다. 시간이 필요한 과제나 주기적으로 해야 하는 일을 처리할 준비를 하거나 일정을 점검할 수도 있다. 화, 목요일 아침마다 조깅하거나, 이직 정보를 찾아 업계 동료와 점심 약속을 잡거나, 강의를 수강하거나, 독서클럽에 참여할 수도 있다.

5. 매주 적어도 작은 목표 하나는 달성하겠다고 다짐하라.

6. 15분이 끝나면 일상으로 돌아가라.

삶에서 진정 원하는 것을 놓치지 않도록 매일 실천하자.

이렇게 자기 성찰할 여유를 만들면 목표가 진화하고 바뀌며 새롭게 생기기도 한다. 좋은 일이다. 더욱 고차원적인 목표에 대해 생각하고 작은 실천을 해나갈 공간을 확보하는 일이 중요하다.

2장 총정리

(그렇게 생각되지 않을 때도 간혹 있지만) 결과적으로 삶을 제어하는 주체는 나 자신이다. 학습된 무력감과 자기연민으로 무장한 브레인포그에 휘말려 계속 동굴 속에서 잠을 잘 수도 있다. 뇌의 신경회로가 그대로 굳어지고 삶의 초점이 흐릿한 탓에 지친 상태에서 벗어나지 못하는 것이다. 그러나 뇌는 적응하고 성장하는 놀라운 능력을 지니고 있다. 모든 것은 내 선택에 달려 있다. 뇌를 새로운 경험에 노출시키기만 하면 된다. 매일 15분만 시간을 내어 집중하고, 뇌에게 회로를 다시 형성할 기회를 주자. 새로운 운동을 시작할 때와 마찬가지로 처음에는 쉽지 않을 것이다. 하지만 시간이 흐를수록 쉬워질 테니 지레 겁먹지 말자.

이어지는 3장에서는 브레인포그의 또 다른 특성인 사회적 고립과 외로움을 극복하기 위해 인간관계를 쌓는 방법을 알아보자.

· · ·

브레인포그를 이해하고 대처하려면
내가 통제할 수 없는 외부 요인에서 원인을 찾고 있진 않은지 살펴야 한다.
나의 성공과 실패를 결정짓는 주체가 자신이라 생각하는가
아니면 운명이라 생각하는가?

세 번째 처방

고립에서
빠져나오기

인간관계라는 인생 구명조끼 입기

BRAIN
FOG

브레인포그에 시달리는 동안에는 누구도 내가 어떤 곤경에 처해 있는지 제대로 알지 못한다. 진정한 내 모습이 무엇인지, 내가 하는 일들이 얼마나 버거운지 아는 사람도 없다. 브레인포그를 겪는 사람은 남들과 어울리는 사교적인 모습을 연기하지만 내면 깊은 곳에는 아무도 들이지 않는다. 진정한 내 모습이 드러나면 남들이 싫어할까 두렵거나, 사람들과 어울릴 시간이나 정신적 여유가 없다고 느끼거나, 설령 마음을 연다 해도 언제나 내 곁에 있어줄 사람은 없다고 생각하기 때문이다.

브레인포그는 '인간관계에 공들여봐야 삶만 더 어지러워질 뿐'이라며 우리를 속인다. 그래서 우리는 침몰 직전의 배에 탄 승객처럼 최대한 오랫동안 수면 위에 떠 있기 위해 인간관계처럼 짐스럽다고 생각되는 것을 내버린다. 이렇게 공황 상태인 동안에는 주변에 나를 아끼는 사람들이 하나도 없을 때 찾아오는 감정적 후폭풍을 미처 고려하지 못하기 때문이다. 그러나 건전한 인간관계가 없으면 인생이라는 배는 안전한 해안에 가닿지 못하고 결국 먼바다를 표류하게 된다.

인생이라는 배가 가라앉을 때 인간관계를 등한시하는 것은 구명조끼를 배 밖으로 내던지는 행위와 비슷하다. 인간관계는 피난처, 식량, 물만큼이나 생존과 성공에 필수 요소이며, 최악의 상황에서도 기운을 북돋아 준다. 서로 기대고 소통하고 협동하지 않았다면 역사상 모든 문명은 물론이고 인류 자체도 살아남지 못했을 것이다.

사람의 뇌는 남과 교류하도록 만들어져 있다. 타인과의 교류라는 근본 욕구가 충족되지 않으면 외로움에 고통받고 예민하며 우울해진다. 함께 머리를 맞대고 논의하고 생각을 나눌 상대가 없으면, 상황에 대처할 방법을 생각할 때도 도움을 받기 어려워 더욱 힘들어진다.

사회적 고립은 하루아침에 일어나지 않는다. 삶이 스트레스 가득한 변화구를 잇달아 던져대는 사이, 우리는 친밀한 사람들과 조금씩 멀어져간다. 의미 있는 교류가 줄어들수록 부정적이고 자기비판적인 사고는 늘어난다.

카산드라의 이야기

카산드라는 해결사였다. 남편, 일, 자녀 등 인생의 많은 측면을 더 나은 방향으로 이끌어가는 재주가 있었고, 문제가 생기면 말끔히 해결해 냈다. 남편도 그 사실을 알고 있었고, 카산드라는 남편이 오랫동안 그녀 덕을 보고 있다고 생각했다. 그러던 어느 날, 15년을 함께했던 남편이 이제는 그녀를 사랑하지 않는다고 말했다. 카산드라는 큰 충격을 받았지만, 감정을 회피하고 평소처럼 문제를 해결하려 애썼다.

이후 6개월간 카산드라는 둘 사이가 다시 좋아질 수 있다며 남편을 설득했다. 스타일을 바꾸고 더 섹시하게, 유머러스하게 행동하며 불만을 늘어놓지 않으려 노력했다. 부부상담 여행까지 시도했지만 모두 소용없었다. 남편은 기어이 집을 나갔고 카산드라는 텅 빈 거실에서 망연자실한 채 서 있었다. 눈앞의 현실이 도저히 믿기지 않았다.

견딜 수 없었던 카산드라는 한동안 부모님이나 친구들 앞에서 눈물을 쏟았다. 하지만 초기의 충격이 누그러지자마자 마음을 굳게 닫았다. 그 결과 온종일 일하면서 아이 둘을 키우고 이혼과 양육권 조정을 둘러싼 법적 분쟁을 이어가는 힘겨운 짐을 홀로 져야만 했다. 힘을 보태줄 사람도, 마음속에서 소용돌이치는 무수한 모순된 감정을 터놓고 이야기할 사람도 없었다.

시간이 흐르자 카산드라는 완전히 지쳐 버렸다. 머릿속은 항상 폭주 상태였다. 생각하고 계획하고 일정을 짜는 한편 자기회의에 빠졌다. 그와 동시에 문제를 제대로 해결하고 결정을 내리지 못하는 상태가 되었다. 소소한 접촉 사고를 몇 번 내고, 급기야 치약 대신 염증 연고로 이를 닦는 자신을 발견한 카산드라는 뇌 신경이 이상해진 것 같아서 겁이 났다. 병원을 찾아 생각을 제대로 할 수 없고 머리에 문제가 생긴 것 같다고 말했다. 각종 검사를 진행한 끝에 다행히 건강은 괜찮다는 결과를 받았지만 스트레스 관리를 위한 상담을 권유 받았다.

첫 상담에서 카산드라는 부끄러워하며 도무지 삶의 방향

을 못 잡겠다고 말했다. 대화하면서도 그녀의 생각은 온 갖 곳으로 흘러갔고, 말하려던 요점을 기억하지 못했으며, 무슨 말을 하려 했는지 잊어버리기 일쑤였다. 어깨에 진 짐이 너무 무겁고 (진정한 의미에서) 주변의 도움을 전혀 받 지 못하고 있다는 것이 확연히 드러났다. 평생 남에게 기 대지 않고 스스로의 힘으로 살겠다는 다짐이 오히려 그녀 의 발목을 붙잡고 있었다.

카산드라의 주변에는 친구, 부모, 친척 등 많은 사람이 있 었다. 그들에게 도움을 요청할 생각이 없었던 건 아니었 다. 항상 마음을 털어놓고 싶었고, 속내를 이야기하면 다 소 편안해질 거라는 사실도 알았다. 하지만 누구에게 말 하면 좋을지 알 수 없었다. 부모님은 걱정 끼쳐 드리고 싶 지 않았다. 오랜 친구에게 털어놓자니 항상 유능하던 자 신을 실패자 취급하면 어쩌나 망설여졌다. 아이 친구 엄 마들에게 말하면 아이를 대하는 그들의 태도가 달라질까 두려웠다.

카산드라는 초등학교 교사여서 사람들을 자주 만났고 항 상 아이들과 다른 가정에 둘러싸여 있었다. '정상적인 사람'처럼 보이고 남에게 짐을 지우지 않으려고 노력한 끝에 그녀는 삶의 기본적인 부분만 공유하고 힘든 현실은 농담으로 얼버무렸다. 친구와 통화하는 사이 아이들이 꽥꽥 소리를 질러대면 "행복이 이런 거 아니겠어?"라며 웃곤 했다. 그래서 가족과 친구들은 그녀가 괜찮은 줄 알았지만 현실은 정반대였다.

카산드라는 자신이 정상적이지 않으며 마음 붙일 곳이 없다고 느꼈다. 자녀들을 돌보거나 일하지 않을 때면 자신의 단점을 곱씹는 데 몰두했다. 실패자가 된 것 같았다. 무엇을 하고, 삶을 어떻게 영위하고, 다시 안정을 찾으려면 어떻게 해야 하는지에 대한 온갖 생각이 떠올랐다. 무력감이 들고 외로웠다. 그러면서도 다른 사람의 도움을 원하는 것은 나약한 일이며, 스스로 헤쳐나가야 한다고 생각했다. 도저히 버틸 수 없는 상황에서도 자신의 감정을 숨긴 탓에 내적 긴장이 너무 심해져서 현재에 집중할 수 없었다. 자녀, 가족, 일, 친구들, 무엇보다도 자기 자신을 제대로 대하지 못했다.

카산드라는 브레인포그의 흔한 증상인 심리적 분리 현상을 겪고 있었다.

☁ 심리적 분리와 함께 살아가기

분리라는 개념은 연속선상에 있으며 미묘한 분리에서부터 완전한 고립까지 정도의 차이가 다양하다. 몸은 옆에 있어도 마음은 다른 데 가 있을 수 있고, 진정한 의미에서 마음이 통하지 않거나 현재에 집중하지 않을 수도 있으며, 남의 이야기를 듣기는 하지만 내 어려움과 약점은 드러내지 않기도 한다. 상대의 말은 듣지 않고 자기 말만 일방적으로 늘어놓는 경우도 있다. 가족이 있지만 매일 저녁 식사를 하자마자 방에 틀어박혀 텔레비전만 보고, 아이들과 배우자마저 회피하기도 한다. 일상을 과도한 일정으로 가득 채우고, 잠깐이나마 멈추어 현재를 음미하지 않는 것도 분리의 일종이다. 극단적인 분리 사례로 은둔형 외톨이가 있다. 모든 게 두렵고 사회불안(남과 상호작용하는 사회 상황을 두려워하고 회피하는 경향)이 커서 새 친구를 만들고 새로운 목표에 도전하지 못하는 경우이다.

분리의 연속선 위 어디쯤 위치하든 간에, 사람들과의 교류에 대한 기본 욕구가 채워지지 않으면 가짜 연대감을 느끼기 위해 자멸적 출구에 의지할 가능성이 커진다. 술이나 약물은 연대감과 비슷한 쾌락을 즉각적으로 제공하지만, 효과는 금세 사라지고 외로움은 더욱 짙어진다. 이와 마찬가지로 쇼핑 중독도 짧은 즐거움을 주지만 자극을 유지하려면 계속 다른 물건을 사들여야 한다.

자신이 어떤 방식으로 사람들과 분리되어 있는지 생각해보고 깊은 인간관계, 애정관계, 공동체에 대한 소속감을 얻기 위해 애쓰는 대신 일시적 해결책에 의존하진 않는지 살펴보라. 순간적으로는 쾌락을 주지만 장기적으로는 사회적 고립과 분리를 유발하는 요소는 생각보다 많다. 강박에 가까운 SNS 활동, 술, 약물, 쇼핑 중독, 지나친 TV 시청, 외모 집착, 불필요한 성형수술, 남에 대한 비판, 사교를 위한 뒷담화, 상대에 대한 지나친 (감정적, 신체적) 통제, 나의 장점과 좋은 일만 드러내는 것, 자기 이야기만 하는 것, 남의 일에는 지나치게 관심 많고 자기 일에는 소홀한 것, 일 중독, 사업상 관계에 대한 강박적 집착 등이 있다.

이런 행동을 하면 그 순간에는 기분이 나아지지만 결국은 사회와 더 멀어질 뿐이며 인지기능마저 저하된다.

☁ 인간관계가 필요가 아닌 필수인 이유

친밀한 인간관계를 유지하든 아니든, 사람은 다른 사람에 대해 많이 생각한다. 남들이 내게 무엇을 원하는지, 나는 그들에게 궁극적으로 무엇을 원하는지 생각한다. 사람들이 나를 어떻게 평가할지 상상하고, 때로는 나도 그들을 평가한다. 인간관계에 있어 내 단점(이라 스스로 생각하는 것)을 곱씹으며 자책하거나, 진정한 내 모습을 보여주면 남들이 나를 좋아하지 않을 거라 지레짐작한다.

사회 신경과학 분야의 전문가 매튜 리버먼(Matthew Lieberman)의 2014년 연구에 따르면 뇌는 능동적 과제를 수행하지 않고 휴식을 취할 때 '정신화(mentalizing)'를 한다.

정신화란 주변 사람들의 생각, 감정, 동기를 포함한 다양한 인간관계의 시나리오를 만들어내는 것을 말한다. 기본적으로 뇌는 틈날 때마다 자신과 주변 세상을 논리적으로 이해하려고 시도한다. 사회적 자아를 둘러싼 뇌의 활동은 정말 놀라울 정도다. 정신화는 우리의 생존에 타인이 얼마나 중요한지 잊지 않도록 일깨우는 진화적 장치다.

저명한 심리학자 메리 에인스워스(Mary Ainsworth)는 신생아가 출생 당시 보살펴준 사람과 애착관계를 맺는다는 획기적인 연구결과를 내놓았다. 타인과의 애착은 인생의 시작점에서부터 시작되는 근본 욕구인 것이다. 신생아는 태어나자마자 자신을 보살피는 사람의 손가락을 잡고, 남과 닿아 온기를 느낄 때 더 잘 잔다. 신생아의 애착 욕구는 부모가 보이는 반응에 따라 누그러들며, 양육자와 애착관계가 잘 형성되면 아기의 뇌는 활발하게 성장한다.

혼자 살고 독립적이거나 내성적인 성격이라도, 정신건강을 유지하기 위한 기본적 인간관계에 대한 욕구는 당연히 존재하며 성인기 내내 지속된다. 가까운 사람이 있으면 현실적인 관점을 유지하고 긍정적으로 생각하며 감정을 조율하는 데 도움을 받는다. 배우자, 친구, 이웃, 가족, 동료가 나의 감정과 요구에 공감하면 안정감을 느낀다. 남이 내 말에 귀 기울여주고, 어딘가에 소속감을 느끼며, 누군가 나를 필요로 하고 소중하게 여길 때 우리의 신경계는 깊은 안도의 한숨을 내쉰다. 긍정적 인간관계를 유지하면 부정적인 사고의 늪에 빠질 가능성이나 몸의 스트레스 반응을 줄일 수 있다.

인간관계가 불만스럽거나, 지인들과 있어도 안정감을 느끼지 못하거나, 자신이 아무데도 속하지 않았다고 느끼는 사람들은 (생존에 필수 요소인) 건전한 교류를 갈망한다. 그리고 현 상황을 논리적으로 이해하거나 정당화하기 위해 나 자신과 남에 관련된 부정적 사고 흐름을 계속 되새긴다. 그러나 이 과정은 자괴감을 불러오고 세상의 좋은 점보다는 나쁜 면을 부각시킨다.

다음 글을 읽으면서 타인에 대한 자신의 생각을 살펴보고, 나 또한 분리적 사고의 흔한 오류에 빠져 있지는 않은지 생각해보자.

혼자가 낫다는 믿음

인생의 난관에 혼자 대처할 수 있고 또 그래야만 한다는 생각은 얼핏 그럴듯해 보인다. 우리가 사는 사회 자체가 무능력을 부끄럽게 여기고, 정신력과 끈기를 갖춘 독립적이고 의욕적인 태도를 권장하기 때문이다. 모든 것을 혼자 처리하면 나의 사적이고 내밀한 세상을 남에게 보여줄 때 따르는 위험에 마주할 필요도 없고 마음이 편하며 자부심도 생긴다. 이렇게 즉각적인 보상을 받으면 자기합리화가 이어져서 계속 나를 둘러싼 경계 안에 갇혀 살게 된다. 그러나 장기적으로 보면 이런 행동은 나를 진정 치유해줄 수 있는 단 하나의 줄, 즉 '친밀하고 의미 있는 타인과의 교류'를 끊어버린다.

사회적 고립에 대한 자기합리화의 흔한 예는 다음과 같다.

사람들은 너무 유난스러워.

나는 원래 사람을 싫어하는 타입이라서.

사람들이랑 어울리는 건 너무 힘들어.

혼자 있을 때 더 행복해.

내 상황을 개선해줄 사람은 아무도 없어.

눈앞의 문제를 처리하는 데 온 힘을 다 쏟아부어도 모자라는데, 사람들은 너무 징징대.

나는 혼자 있는 편이 나은 사람이야.

의미 있는 인간관계 없이도 혼자 잘 살아갈 수 있다는 생각은 허상에 불과하다. 자신의 약한 면을 드러내고 남을 내 세상에 들여놓아야만 서로를 알고 친밀감을 느끼며 사이가 돈독해진다.

연구에 따르면 남에게 도움을 줄 때 뇌의 보상체계가 작동된다고 한다. 그러니 타인에게 속내를 털어놓아도 된다. 나뿐 아니라 상대에게도 좋은 영향을 주기 때문이다.

사람들과 어울리지 못한다는 고정관념

친밀한 사회적 교류를 꾸준히 하지 않으면 사회적 근육이 약화된다. 미묘한 눈치, 비언어적 신호, 직관적이거나 본능적인 사회적 상호작용을 감지하기 어려워진다는 뜻이다. 사람들을 주기적으로 만나지 않거나, 만나더라도 정신이 다른 데 있으면 어디에도 발붙일 곳이 없고 사람들이 나를 신경 쓰지 않거나 같이 있고 싶어 하지 않는다는 느낌을 받게 된다. 그러면 상대의 생각을 잘못 해석하거나 남들이 나를 적대시한다고 오해할 수 있다. 사회적 상호작용 능력은 갈고닦을 수 있다는 사실을 깨닫는 대신 자기회의에 빠져 스스로를 비판한다. 이런 자멸적 악순환에 빠지면 나라는 인간이 더욱 마음에 들지 않아서 인간관계를 극렬히 회피하는 결과를 낳는다.

나 또는 남 탓을 하는 예를 살펴보자. 이런 행동은 불안과 두려움을 야기하고 남 앞에서 자신의 모습을 드러내지 못하게 가로막는다.

난 여기 어울리지 않아.

저 여잔 왜 사람을 저런 눈초리로 보지?

내가 달라 보인다니, 무슨 뜻이었을까?

저 사람, 계속 나를 노려보고 있잖아.

으어, 완전히 망했네.

다들 내가 답도 없는 바보라 생각하겠지.

왜 하필 그런 말이 튀어나왔지?

이제 다들 나를 어떻게 생각할까?

남들은 항상 도와줄 사람이 있던데, 나는 왜 항상 혼자일까?

타인과의 소통 과정을 연습할수록 이런 부정적 감정은 줄
어든다. 사람들을 만나는 자리에 나가고 그 자리에 집중하
는 행동을 반복해서 실천하면 기존의 패턴에서 벗어날 수
있다. 사회성이 좋아지면 더 편안하게 자기 이야기를 꺼내
고 마음을 열게 된다. 인간관계의 놀라운 점은 의미 있는
시간을 한 번만 보내도 변화의 가속도가 붙는다는 것이다.

☁ 사회적 교류가 뇌에 미치는 영향

사람은 지속적인 교류가 필요하기에 대화를 나누고, 데이
트를 하고, 메시지를 주고받으며, 친구와 가족을 돕고, SNS
를 훑어보고, 콘서트와 연극을 관람하고, 스포츠팀과 클럽
에 참여하며, 도움이 필요한 사람에게 손을 내밀고, 힘들 때

는 남에게 기대고, 부모 노릇을 하고, 자원봉사를 하고, 잡담을 나누고, 반려동물을 돌본다. 남과 교류하고픈 욕구가 충족되었다면 더 큰 즐거움과 예리한 판단력을 얻을 발판을 마련한 셈이다.

하버드에서 진행한 〈성인 발달 연구(2015)〉는 건강과 행복을 제대로 이해하기 위해 하버드 졸업생과 그 자녀, 보스턴 도심에 거주하는 청소년을 대상으로 진행했던 다량의 자료(의료기록, 설문지, 인터뷰 등)를 수집했다. 1938년, 268명의 하버드 대학생을 대상으로 '하버드 대학교 그랜트 사회적응연구'의 내용을 이어간 것이다. 엄청난 영향력을 떨쳤던 이 연구의 주된 결론은 친밀한 교류가 사람들을 평생 행복하게 해주고 정신적·신체적 노화의 속도를 늦출뿐더러 사회 계층, 지능 지수 심지어 유전자보다도 건강과 장수에 큰 영향을 미친다는 사실이다.

흥미롭게도 이 연구는 50세 당시 인간관계에 만족했던 참여자는 80세에 들어서도 신체적으로 더 건강하다는 사실을 발견했다. 결혼생활에 만족하는 80대 참여자는 신체적 통증을 겪어도 기분에 큰 영향을 받지 않았다. 반면 결혼생활이 행복하지 않다고 답한 참가자는 큰 신체적, 감정적 고통에 시달렸다. 연구결과에 따르면 나를 돕고자 하고 이야기를 들어주는 사람이 있으면 인지기능, 판단력, 뇌건강도 좋아질 가능성이 크다(Salinas et al. 2021).

이런 결과는 평생의 반려자를 잃은 노인이 인지기능 퇴화를 겪는 패턴과 일맥상통한다. 외로움이 신체적 통증만큼이나 고통스러워서 정신이 흐트러지고 현재에 집중할 수없어 인지기능이 퇴화하는지도 모른다. 실제로 연구 참여자가 사회적 고통에 노출되면 신체적 통증을 관장하는 뇌영역이 활성화되었다(Lieberman 2014). 흥미롭게도 참가자에게 타이레놀을 주고 같은 사회적 고통에 노출시키면 신체적, 사회적 고통을 관장하는 뇌영역이 더 이상 활성화 반응을 보이지 않았다(Dewall et al. 2010). 신체적 통증과 인간관계에서 비롯된 통증은 모두 아프고, 모든 에너지에 영향을 미치는 것이다.

채소를 썰다가 실수로 손가락을 베인다면 머릿속에는 통증을 멈춰야겠다는 생각만 가득할 것이다. 마찬가지로 고립되고 외로우면 고통과 해소하고픈 갈망만 떠오를 것이다. 베인 손가락은 빨리 낫는다. 그러나 안타깝게도 모종의 개입을 하지 않으면 외로움은 끝없이 지속된다. 통증에만 집착하면 현재에 집중하고, 초점을 찾고, 주의를 기울이고, 중요한 일을 기억하기는 거의 불가능하다. 당연히 행복해질 수도 없다.

뇌는 우리의 속내를 털어놓고 의지할 수 있는 사람이 항상 있을 거라는 사실을 믿도록 만들어져 있다. 이런 핵심 가정이 충족되지 않으면 뇌는 어쩔 줄 모른다. 긍정적인 사회적 상호작용과 밀접한 교류를 하지 못하면 우리는 빗나간 방향으로 나아가 논리, 원인, 가능한 해결책을 찾기 위해 헤맨다. 그러나 타인과 서로 도움을 주고받으며 만족스러운 사회적 상호작용을 경험하면 안전하고 안정적인 상태로 되돌아갈 수 있다.

마음을 연 카산드라

건강한 방식으로 이혼에 대처하기 위해 카산드라는 무엇이든 할 수 있으며 꼭 해내겠다는 독립적인 정신으로 힘겨운 감정에 대처한다는 평생의 방침을 재고해야 했다.

자신이 연약한 모습을 드러내기를 불편해했고, 어려움을 호소하는 사람에게 '징징'대고 '나약'하다는 편견을 갖고 있었다는 사실도 깨달았다. 스스로 앞가림을 잘하는 사람이라는 믿음은 카산드라의 정체성에서 큰 부분을 차지했다. 그러나 문제를 혼자 힘으로 해결할 수 있다는 예전의 자부심은 감정적인 관계를 맺는 데 걸림돌이었다. 시간이 흐르면서 카산드라는 자신을 제외한 사람들은 다들 완벽하다고 속단하게 되었다. 그러나 실은 그녀가 약한 모습을 전혀 드러내지 않았기에 주변 사람들도 마음을 열지 못했을 뿐이었다.

유능한 카산드라도 의지력만으로 고민과 혼란에서 벗어날 수는 없었다. 자기비판적 사고('제 앞가림도 제대로 하지 못하다니 난 뭐가 문제지?')와 공황('진짜 내 모습을 알면 사람들은 더 이상 나를 좋아하지 않을 거야')이 이어졌다. 카산드라는 내게 말 그대로 '사람인 척하는 외계인'이 된 것 같다고 했다. 사람들과 어울릴 때는 정상인처럼 연기했지만 혼자 동떨어진 기분이었고 어디로 가야 하는지 몰랐다.

카산드라가 상담에서 얻은 경험은 새로운 패턴의 시작이

되었다. 속내를 털어놓을 때도 나약하다는 자괴감 대신 홀가분한 기분과 안정감을 느꼈다. 거의 모든 사람이 살면서 힘든 일을 겪으며 나만 그런 것이 아니라는 사실도 받아들일 수 있었다. 마침내 카산드라는 십여 년 전 이혼한 동료 교사에게 속사정을 털어놓았고, 그 관계는 그녀가 더는 겉도는 느낌을 받지 않도록 붙들어주었다. 이야기를 나누면서 카산드라는 삶에서 무엇에 집중하고 무엇을 놓아야 하는지 안정적으로 생각할 수 있었다.

이혼이 확정되던 날 아침, 동료 교사와 친구는 케이크와 커피를 준비하고 카산드라가 출근하기를 기다리고 있었다. 함께 커피를 마시면서 친구는 그녀의 눈을 바라보며 말했다. "드디어 해냈네. 이제 힘든 일은 끝났어!" 카산드라의 눈에 눈물이 고였다. 이혼 때문이 아니라 친구가 카산드라의 힘들었던 경험을 이해하고, 그럼에도 그녀를 더욱 아낀다는 사실을 깨달았기 때문이다.

브레인포그가 인간관계에 걸림돌이 된다면 스스로 남들과 더 깊이 교류하겠다는 목표를 세우자. 따로 시간을 내서 인

간관계에 투자하라. 타인과 좋은 관계를 맺으려면 의식적
으로 노력해야 한다. 교류를 우선시하고 매일 일정표에 인
간관계에 할애할 시간을 정해두자. 기존의 습관 때문에 '인
간관계를 맺는 건 시간낭비'라고 생각한다면, 건강한 인간
관계는 내 수명과 인지기능이 달린 중요한 일이라는 사실
을 되새기자.

| 문제해결 트레이닝 |

깊은 인간관계를 가꾸자

인간관계의 경계선을 넓혀 나가는 방법 몇 가지를 소개
한다. 나와 잘 맞을 듯한 방법을 골라 시도해보자.

- 오랜 친구에게 전화해서 내가 어떤 일을 겪고 있는지
  솔직히 털어놓자. 손해 볼 것은 없다.
- 자원봉사 프로그램에 가입해서 매주 참여해보자.
- 모임에 참여하자. 독서모임이나 텃밭 가꾸기 동호회,

외국어 수업, 학부모회 자원봉사, 종교단체, 명상모임, 조깅이나 하이킹 동호회, 골동품 수집가 모임, 반려견 산책 모임 등 무엇이든 좋다. 즉각 소속감을 느낄 수 있다.

- 일주일에 적어도 한 번은 사람들을 한두 명 만나자. 상대의 말을 경청하고 나의 속내를 열어 보이는 것이 목표다.

- 걸음을 멈추고 15분 정도 이웃과 이야기를 나누자.

- 잡담하자. 잡담은 시간낭비가 아니다. 잡담이야말로 더 깊은 인간관계의 출발점이다!

- 친구와 함께 산책하며 내가 겪고 있는 브레인포그에 대해 이야기하고, 그 문제에서 벗어나기 위해 실천하는 일들에 관해 이야기하자(놀랄 만큼 많은 사람들이 공감할 것이다).

사람들과 소통할 때 그냥 자리만 지키며 휴대폰만 들여다보거나 다른 생각에 빠져 있지 말자. 온전히 그 자리에 집중하도록 노력하자. 남의 말에 귀를 기울이고 잘

들은 다음 내용을 숙고하자. 사람들과 만날 때마다 나에
관한 의미 있는 정보를 전달하는 데 목표를 두자.

가족, 친구, 직장동료, 산책하다 만난 낯선 사람 등 누구라
도 좋다. 다른 사람과 상호작용을 하면서 운동하면 뇌가 활
성화된다. 운동과 교류 모두 뇌에서 보상성 화학물질 분비
를 유도하기 때문이다.

3장 총정리

상대의 말을 듣고 서로 속내를 터놓는 일은 브레인포그를 극복하는 매우 효과적인 방법이다. 자주 소통하면 돌아오는 보상도 늘어날 뿐 아니라 그저 이야기하는 것만으로도 나의 내밀한 부분에 가닿을 수 있다. 그 결과 (오랫동안 밀쳐둔) 힘겨운 감정이 수면 위로 떠오르기도 한다. 자기 감정을 심도 있게 이해하면 감정적으로 친밀한 인간관계를 쌓는데 도움이 된다. 내 감정을 이해하고 대처하는 데 공들이면 몸의 스트레스 반응도 완화된다.

다음 4장에서는 자신의 감정을 정확히 파악하는 방법을 알아보자.

• • •

인생이라는 배가 가라앉을 때 인간관계를 등한시하는 것은
구명조끼를 배 밖으로 내던지는 행위와 비슷하다.

네 번째 처방

회피라는
자기학대에서 벗어나기

감정은 그저 감정일 뿐

BRAIN
FOG

감정을 계속 피하는 것은 브레인포그를 일으키는 원인 중 하나다. 감정을 회피하면 삶의 여러 측면을 내가 어떻게 느끼는지 파악할 수 없고, 시간이 지나면 자신이 어떤 사람인지도 알지 못하게 된다. 부정적 감정을 밀어내는 동안에는 긍정적 감정을 느낄 수 없다. 자신을 제대로 이해하지 못하면 기쁨과 즐거움도 만끽하지 못한다. 이런 상황이 반복되면 브레인포그가 슬그머니 찾아온다.

이처럼 소화하지 못한 감정의 짐이 쌓이면 공황발작, 오열, 사고 강박, 분노 폭발, 공포, 불안 등이 나타난다. 이런 증상에 시달리면 삶의 초점을 찾고 집중하며 현재를 즐길 수 없다. 시간이 더 지나면 부정적 감정이 애초에 어디서 시작되었는지, 왜 모든 것이 버겁고 엉망처럼 느껴지는지 파악조차 하지 못한다.

감정은 눈에 보이지 않지만 삶에 엄청난 영향력을 행사한다. 나의 감정 세계를 회피하는 것은 자동차 계기판에서 깜박이는 엔진 점검등을 무시하는 행위와 같다. 계속 무시하고 계속 운전하면 언젠가는 연기가 피어오르는 차를 고속도로 갓길에 세우는 불상사가 일어나고 만다.

덩컨의 이야기

완전히 겁에 질린 상태로 상담실을 찾아온 덩컨은 그때까지도 자신이 감정을 회피하고 있다는 사실조차 모르고 있었다. 지난 석 달 동안 수시로 가슴이 두근거리고 식은땀이 나며 손이 떨리고, 밤에는 복통 때문에 숙면을 이루지 못했다. 그럴 때마다 그는 심장마비로 죽을 거 같다고 생각했고, 이런 상황이 계속되자 잠들기가 두려워졌다. 그래서 병적으로 졸린 상태로 몇 시간 동안이나 집안을 배회하고는 했다.

수면 부족은 공포를 악화시키는 결과를 낳았다. 얼마 지나지 않아 그는 침대를 보기만 해도 패닉에 빠졌다. 낮에는 초점을 유지하거나 일에 집중하지 못하고 몽유병자처럼 멍한 상태로 지냈다. 키도 크고 건장하며 지적인 타입의 덩컨은 언제나 자신이 남들보다 강하다고 생각했다. 이런 자신감 덕분에 평소에는 힘든 감정을 제치고 나아가거나 완전히 피할 수 있었다. 그러나 이제 덩컨은 생전 처음으로 어찌할 바를 모르고 있었다.

불안은 삶의 다른 부분까지 좀먹었다. 덩컨은 직장 내 프로젝트, 변경된 마감기한, 다친 팔꿈치, 깜빡 두고 온 휴대폰 같은 사소한 일들로 쉽게 혼란에 빠지고 곧장 최악의 결론을 내린다고 털어놓았다. '이 마감일은 못 맞춰', '해고당할지도 몰라', '팔꿈치 수술을 해야 하나', '휴대폰이 없으면 아무것도 할 수 없는데'…… 최악의 상황을 상상할수록 두려움이 가중되고 신경은 더욱 곤두섰다.

덩컨은 심리치료를 시작하기 전에 병원, 영양요법, 침술, 요가, 무당, 고압 산소 요법, 의료용 마리화나에 이르는 온갖 해결책을 시도했다. 감정을 회피하기 위해 할 수 있는 모든 일을 한 셈이다. 덩컨은 심리치료는 '미친 사람' 또는 '허구한 날 자기 기분에 대해 이야기하고 싶어 하는 사람'이나 하는 거라고 여겼다. 하지만 극한 상황에 치닫자 결국 심리치료를 시작할 수밖에 없었다. 그는 두려움이 가득한 눈으로 말했다. "제발 좀…… 도와주세요."

덩컨은 직장에서 억지로 새로운 업무를 맡아야 할 즈음 열한 살 난 딸이 만성 질환 진단을 받았다고 털어놓았다. 지금까지 이렇게 스트레스를 유발하는 상황이 주는 충격을 소화한 경험이 없었던 덩컨은 자기 기분을 모두 무시했고, 그 결과 더 많은 부정적 감정이 휘몰아치며 그를 위기로 몰아넣었다. 물속에 가라앉지 않으려고 최선을 다하던 덩컨은 이런 결과를 예상하지 못했다.

브레인포그는 감정을 회피하면 더욱 악화된다. 감정을 외면하는 이유 중에는 스트레스가 있다. 스트레스에 시달려 감정을 헤아릴 시간과 여력이 없는 것이다. 어린 시절부터 학습된 습관이 원인인 경우도 있다. 양육자가 자기감정을 이해하고 강렬한 감정에 대처하는 법을 가르쳐주거나 감정을 건강하게 소화하는 모습을 보여주지 못한 것이다. 이유가 뭐든 간에, 감정 회피는 결국 자멸을 초래한다. 삶의 방향을 찾고 기억하며 평온을 유지하기가 점점 어려워지기 때문이다.

☁ 회피가 부르는 패배

감정을 회피하는 일에는 에너지가 많이 소모되므로 삶의 초점을 유지하기 힘들다. 혹시나 폭발할까 봐 온종일 초긴장 상태로 지내기도 하고, 온갖 생각과 일에 몰두해서 감정을 구석에 밀쳐두기도 한다. 뇌를 산만한 생각으로 가득 채워 깊은 감정을 알아차릴 여유를 주지 않는 것이다. 온갖 일과 행사, 사소한 사안들을 골똘하게 생각하지만 그중 진짜 문제는 하나도 없다. 엔진 점검등이 깜박이는데 비가 올까 걱정하는 것과 비슷하다.

공황발작은 이렇게 일어난다. 잠을 자거나 운전하거나 일상적인 일을 하다가 잠시 마음을 놓는 순간, 갑자기 감정적 소용돌이에 휩싸인다. 공황발작이 일어나면 긴장을 풀 수 없다고 느끼게 되므로 스트레스가 더욱 심해진다.

그밖에도 감정 회피의 부작용은 여러 형태로 나타난다. 회피하거나 밀쳐낸 감정은 언제나 더 파괴적인 방식으로 다시 찾아온다. 강박적으로 일하거나 생각하거나 먹거나 다이어트하거나, 약물 혹은 알코올을 남용하거나, 수동공격을 일삼는다. 어찌할 줄 모르거나, 오열하거나, 분노를 표출하거나, 과도하게 집착하는 등 극단적인 감정 반응을 보이기도 한다. 무기력하고 무감각해져서 겉보기에는 이상하리만큼 차분하고 초연한 태도를 취하기도 한다.

현실적으로 보면 심신의 여유를 갖고 내 감정의 뿌리를 파악하기보다는, 반쯤 정신이 든 상태로 자녀 스케줄, 처리할 업무, 가능한 최악의 시나리오, 건강에 대한 불안, 친구나 가족에 대한 걱정거리 등을 생각하는 편이 더 쉽다. 그러나 내면의 깊은 고통을 파악하지 않으면 기저의 감정에 대해 전혀 알 수 없어서 원인 모를 스트레스에 시달리며 불행하게 지내게 된다.

진정한 해결책은 자신을 이해하는 것이다. 나를 이해하면 다른 일을 처리하는 데 필요한 여력이 생긴다. 현재에 집중하고, 기억하고, 삶의 의미를 찾고, 목적을 달성할 수 있게 된다.

감정을 느끼는 올바른 방법 같은 건 없다. 감정은 그저 감정이다. 아무것도 느끼지 못하면 삶은 초라해질 것이다. 사람은 힘겨운 감정을 소화하면서 성장해나간다. 괴로운 감정을 파악하고 견디면 자신의 취향, 목표, 바람, 목적을 이해할 수 있다. 이 과정을 통해 인생의 의미와 목적이 더욱 깊어지고 뚜렷해진다.

이처럼 중요한 정보의 원천을 등한시하면 나 자신, 내 삶에서 일어나는 일, 지인들에게 일어나는 일을 파악할 때 거대한 사각지대가 발생한다. 이 정보를 수집하지 못하면 엄청난 불이익을 안고 살아가는 셈이며, 남들과 친해지기 어려울뿐더러 자신에게 만족할 수도 없다.

☁ 나 자신을 이해하기

'내 감정은 예측할 수 없고 두렵고 질리고 나를 미치게 만들어'라는 잘못된 생각을 하고 있지는 않은가? 많은 사람들이 그렇듯 당신도 감정적 고통을 인지하면 더 괴로워진다고 믿는가? 그렇다 해도 당신 탓은 아니다. 대중매체, 좋은 뜻으로 말하는 친구와 가족 심지어 일부 심리치료사조차도 우울한 기분에 빠지지 않게끔 감정을 피하라고 조언하기 때문이다. 그러나 해결책은 정반대다. 나를 감정적으로 파악하는 지름길은 없다. 고통을 두려워하며 살지 않으려면 고통을 직시해야 한다.

부정적인 감정을 경험하는 것은 당연히 불편한 일이다. 그러나 대부분의 고통스러운 감정은 언젠가 사라지거나 누그러진다. 감정이란 일시적이기 때문이다. 감정은 나타났다가 사라진다. 우리 생각보다 훨씬 더 예측 가능하며 일정 경로를 따른다. 특정 감정을 파악하고 몸이 스트레스를 느끼면 그 감정은 더 강렬해졌다가 천천히 사그라든다.

감정을 제대로 직면하고 따뜻한 관심과 호기심을 보이면 농도는 낮아지게 마련이다. 감정은 소리 지르는 아이와 같다. 무시하면 관심을 끌기 위해 더 크게 소리치지만 다정하게 바라봐주면 진정된다. 내 감정을 함부로 평가하는 대신 있는 그대로 파악하면 감정은 더 이상 나를 휘두를 수 없다는 사실을 깨닫게 된다. 그러면서 인생에 집중하고 삶을 즐길 정신적 여유가 생긴다. 감정을 이해하기 위해 아래 트레이닝을 실천해 보자.

내 감정을 이해하자

불편한 감정에 휘말리지 않고도 내 감정을 직시하는 방법을 소개한다. 10분이면 충분하다.

1. 10분 동안 나의 일부가 내 생각과 감정에서 분리되어 관찰자의 입장에 서 있다고 상상하자.

2. 호기심을 품고 관찰하자. 내 정신이 어디를 방황하는지, 그에 수반되는 신체적 감각은 어떤지 살피자. 처음에는 '아무것도 안 느껴지는데?'라고 생각할지도 모른다. 곧장 생각으로 향하느라 몸의 감각을 간과하는 데 익숙해졌기 때문이다. 그러나 우리가 느끼는 모든 감정에는 신체 감각이 수반된다. 몸의 미묘한 상태를 파악할 수 있도록 훈련하면 감정이 더 격렬해지거나 감정을 아예 회피하기 전에 개입해서 문제를 해결할 수 있다.

3. 머리 꼭대기에서부터 시작해서 몸 전체를 지나 아래

로 내려오자. 뻑뻑한 눈, 묵직한 가슴, 불편한 뱃속, 뻐근한 어깨, 빠르게 뛰는 맥박, 근육이 긴장하는 느낌 등에 집중하자. 지금 이 순간 느껴지는 신체 감각을 눈여겨보자.

4. 몸이 느끼는 구체적 감각을 그때그때 파악하자. 정체성이나 자아에 대한 생각을 감각에 섞어 넣지 않는다. (심장마비가 올 것 같거나 죽을병에 걸렸나보다 하는 생각 대신) 가슴이 묵직한 느낌이 들고 심장 박동이 빨라지는 현상을 객관적으로 관찰하라. 내 느낌은 나침반과 길잡이 역할을 하지만 나 자체는 아니다.

5. 일단 내 감각을 파악한 다음에는 그 느낌에 이름을 붙여 보자. 슬픔, 분노, 기쁨, 공포…… 긍정적 감정뿐 아니라 부정적인 감정에도 모두 이름을 붙이고 인정하면 안정적이고 안전한 상태에 접어들 수 있다.

6. 함부로 평가하지 않는 다정한 어조로 내 의식에 들어오는 각 감정을 받아들이자. 감정은 옳지도, 그르지도 않다는 사실을 기억하자. 감정은 그저 감정일 뿐이다. 자신에게 속삭이자. "슬픔아, 잘 왔어. 반가워", "분노

야, 네가 보여" 등 무엇이든 좋다. 힘겨운 감정을 경험할 때에도 나 자신을 사랑하는 일은 가능하다.

7. 내 생각은 나를 여러 방향으로 끌어당긴다. 시선을 다시 감정에 집중하면서 천천히 호흡해보자. "나는 네가 보여. 나는 너와 함께 있어. 나는 네게 주의를 기울이고 싶어."

8. 느낌은 나와 별개이며 일시적인 것이라 생각하고 관찰하자. 감각과 느낌은 오고 또 간다. 느낌이나 감각을 인지하고 이름을 붙이면 그 느낌은 지나가고 또 다른 느낌, 뒤이어 또 다른 느낌이 찾아온다.

나 자신과 내 감정을 회피하느라 귀중한 여력을 낭비해서는 안 된다. 이런 방식으로 감정을 수용하면 현재에 충실하고, 삶을 이해하며, 인생을 즐길 수 있다.

감정을 내재화하거나 숨기려고만 하면 결국 감정에 사로잡힌다. 반면 자신을 표현할 수 있으면 감정을 처리하고 힘겨운 감정을 비교적 쉽게 놓아보낼 수 있다.

☁ 내 감정 표현하기

소소한 감정적 동요는 쌓이고 쌓여 좋은 기분이나 나쁜 기분으로 이어진다. 특정 감각을 느낄 때 그 느낌에 대해 잘 알수록 기분을 긍정적으로 북돋울 수 있다. 감정을 더 깊이 이해하고, 시시각각 바뀌는 기분의 기저에 있는 원인을 파악하는 효과적인 방법은 자신을 표현하는 것이다. 나를 표현하는 방법은 다양하다.

| 문제해결 트레이닝 |

가상의 치료사에게 편지를 쓰자

치료사와 만난다고 상상하고, 그가 내 감정 세계에 관해 알아주었으면 하는 내용을 써보자. 뭐든 상관없이 머릿속에 떠오르는 생각을 모두 적으면 된다. 작문 숙제가 아니니 문법이나 맞춤법은 신경 쓰지 말자. 나만 보는 글이니 의식의 흐름대로 적어내려가도 좋다. 다 쓰고 나서 없애버려도 괜찮다. 편지를 다 썼다면 이제는 가상의 치료사가 보내는 답장을 써 보자. 내 감정을 알아주고, 힘겨운 기분이 든다고 해서 나라는 사람이 나쁘다는 의미는 전혀 아니라는 사실을 일깨워주는 내용을 담으면 된다.

내 기분에 대해 다른 사람과 대화하면 다양한 장점을 누릴 수 있다. 힘겨운 감정을 이야기하면 자신의 느낌을 이해하고 감정을 더 빨리 소화할 수 있다. 심리치료가 효과적인 이유도 거기에 있다. 자신의 내면에 대해 이야기하는 자기 목소리를 들으면 감정과 경험을 진지하게 생각할 수밖에 없다. 내담자가 무언가 신경쓰이는 일에 대해 이야기하다가 갑자기 스스로 깨닫는 모습을 흔히 본다. "아니, 이 일 때문에 얼마나 속상했는지 저도 미처 모르고 있었네요." 게

다가 다른 사람과 함께 이야기하면 상황을 다른 관점으로 볼 수 있고, 자신이 혼자가 아니라는 사실을 실감한다.

| 문제해결 트레이닝 |

내 감정에 대해 이야기하자

내가 겪는 어려운 감정에 대해 이야기할 수 있는 안전한 사람을 고르자. 약한 모습을 드러내려면 용기가 필요하지만 좋은 사람과 소통하면 진정될 것이다. 굳이 친한 친구가 아니어도 치료사나 지지 그룹, 온라인에서 만난 익명의 친구, 이웃 등과 이야기해도 마음의 위안을 얻을 수 있다.

자기 감정을 이해하고 표현하는 것은 중요하다. 잠시 멈춰서서 내가 느끼는 감정을 충분히 자주 파악하지 않으면 몸이 흥분하거나, 과민반응을 보이거나, 예민해진다.

☁ 편도 길들이기

브레인포그에 시달리고 있다면 편도는 과부하 상태일 가능성이 크다. 뇌에서 두려움을 관장하는 편도가 과열되면 만성 스트레스가 발생해 지나친 각성 상태로 내몰린다. 계속 전전긍긍하게 생활하면서 차분한 안정감을 누리지 못한다. 삶이 엉망이 되며 생산성, 규칙적 식사, 수면 주기가 어그러지고 자신의 깊은 감정을 파악하기도 어렵다. 때로는 이런 생활이 나쁘다는 것을 알면서도 초긴장 상태를 유지해야만 상황에 대처하고 자신을 안전히 보호할 수 있다고 믿기도 한다.

편도는 진화가 덜 된 파충류 뇌의 일부로, 두려움과 스트레스에 대한 반응에서 큰 역할을 차지한다. 뇌의 여러 영역에 폭넓게 연결되어 있어서 감정에도 엄청난 영향력을 행사한다. 편도는 생각하는 뇌가 무슨 일이 일어나는지 알아차리기도 전에 온갖 신체적 반응을 일으킬 수 있다. 단 몇 밀리초만에 심박이 변하고 아드레날린이 분비되며 근육이 긴장되고 혈압이 높아지고 땀이 나며 소화기가 긴장되어 배가 아프고 신경이 곤두서게 만든다. 모두 내가 인지한 위협으로부터 도망치거나, 싸우거나, 그 자리에서 꼼짝하지 않는 데 필요한 신체 반응이다.

등산하다가 눈앞에 뱀이 있는 것을 인지하면 편도는 뇌의 다른 영역이 그 사실을 알아채기도 전에 재빨리 나를 위험에서 벗어나도록 이끌 것이다. 편도의 '모 아니면 도' 식의 순간 반응은 매우 효과적이다. 신체적 위협을 받을 때는 소소한 고민에 귀중한 시간을 낭비할 수 없기 때문이다.

진화론적 관점에서 보면 편도는 우리의 보호자 역할을 한다. 우리 조상들이 살아남고, 당신과 내가 존재하는 것도 편도 덕분이다. 두려워할 줄 아는 역량과 즉각 대응 능력은 인류를 존속시켰고, 지금 존재하는 우리도 같은 신경회로를 지니고 있다. 그러나 편도는 원시적인 시스템이며 비상 상황이 닥치면 고도의 사고가 가능한 피질을 완전히 건너뛰어버린다(LeDoux 1996). 불편한 상황이나 일시적 불편은 반사적으로 대응해야 하는 신체적 위협과는 다르다. 하지만 편도가 이끄는 반사적 사고는 그럴 필요가 없는 일에도 영향을 미친다.

원시적인 파충류 뇌를 통해 내 삶을 관리하면 상황을 이성적으로 분석하는 뇌 영역을 활용할 수 없다. 마치 배고픈 악어처럼 반사적이고 흥분한 상태로 다음에 마주칠 위협을 두려워하며 지내게 된다. 그렇게 살면 금세 기운이 소진되고 짜증나며 우울한 상태만 지속될뿐더러 더 큰 목표에 집중할 수 없다.

어떻게 하면 편도를 달랠 수 있을까? 편도가 외부 위협에 대응하는 상태에서는 머릿속은 흥분되고 특정 생각의 흐름이 계속 반복된다. 가능한 위협에 대해 생각하고 나쁜 일이 생길 거라고 걱정을 시작하는 것이다. 이런 반응을 누그러뜨리려면 생각을 멈추고 신체 긴장을 완화하는 데 집중해야 한다. 몸의 긴장을 완화해 편도를 진정시켜야 상황을 숙고하고, 문제를 해결하며, 감정을 더 깊은 차원에서 이해하게 해주는 '고도의 뇌'에 가닿을 수 있다.

편도를 진정시키자

엔진 점검등이 깜박이지 않도록 규칙적으로 실천할 수 있는 몇 가지 방법을 소개한다.

- **이미지 떠올리기**: 신경계의 긴장을 풀기 위해 숨을 들이마시고 내쉬면서 시각적 이미지를 떠올리자. 시험 삼아 아래 풍경을 따라 걸어보라.

  눈을 감는다. 깊이 호흡한 후 바닷가에 서 있는 자신의 모습을 상상한다. 덥지도 춥지도 않은 환상적인 날씨다. 내면의 눈으로 바닷가의 모습을 그리고 소리와 냄새를 느낀다. 푸른 하늘, 얼굴에 닿는 따스한 햇볕, 해변에서 부서지는 파도, 싱그런 바다 내음, 발끝을 간질이는 모래가 느껴진다. 숨을 들이마시면서 해안으로 밀려드는 파도를 그려보자. 파도가 부서지고 다시 밀려가는 동안 숨을 길게 내쉬자. 이 순간, 모든 것이 좋다. 내 상태도 훌륭하다. 평화로운 풍경을 상상하며 심호흡을 깊고 천천히 반복하자.

산, 초원, 호숫가, 사랑하는 사람과 함께 하는 모습, 반려동물 등 나를 진정시키는 다른 이미지를 떠올리면서 위의 트레이닝을 실천해보자. 내가 만난 내담자 중 일부는 아이들, 휴가지, 강아지 사진을 휴대폰에 넣고 다니며 스트레스를 받을 때마다 열어보았다.

- **점진적 근육이완법:** 5~10분간 점진적으로 근육을 이완하면서 몸의 긴장을 풀자. 먼저 편안히 앉아서 숨을 깊이 들이마시고 내쉰다. 몸의 각 근육을 조였다가 푼다. 셋을 세는 동안 근육을 조이고, 다시 셋을 세는 동안 근육의 긴장을 푼다. 얼굴의 근육을 조였다가 풀고, 어깨, 손, 팔, 배, 엉덩이, 다리, 발로 옮겨가자. 근육을 수축하고 이완할 때 감각의 변화를 눈여겨보자. 이제 셋을 세면서 숨을 들이마시고 다시 셋을 세면서 내쉬는 동시에 전신의 근육을 조이자. 몸의 긴장을 줄이려면 자주 반복하자.
- **심호흡:** 심호흡은 편도를 즉각 진정시키는 엄청난 효과가 있다. 먼저 눈을 감고 시작하자.

1. 넷을 세는 동안 코로 숨을 들이마신다. 폐를 채우는 공기를 느낀다.
2. 넷을 세는 동안 숨을 참는다.
3. 넷을 세는 동안 입으로 숨을 내쉰다.
4. 넷을 세는 동안 숨을 참는다.
5. 5분간 위 과정을 반복한다.

이미지 떠올리기, 점진적 근육 이완법과 마찬가지로 심호흡을 이용해 스트레스를 받거나 기분이 상할 때 마음을 가라앉힐 수 있다.

다양한 긴장 완화 트레이닝을 시도해보고 잘 맞는 한두 가지를 골라 매일의 일과에 반영하자. 편도가 활성화될 때 신체적 긴장을 완화하여 편도를 진정시키는 습관이 정착될 것이다.

감정 세계를 회피하지 않고 가까이 다가가면 삶에 더욱 집
중할 수 있으며 인생의 즐거움도 커진다. 다음 장에서는 건
강한 일과를 보내고 자기돌봄을 실천하는 등 내 감정을 더
쉽게 인지할 수 있도록 돕는 환경을 조성하는 법을 알아보
자. 식사, 수면, 운동, 휴식에 관한 단순하면서도 효과적인
전략을 실천하면 마음이 한층 차분해지고 주변 상황에 과
민반응하는 일도 줄어들 것이다.

건강한 마음을 위한 루틴 만들기

거짓 자기돌봄 vs. 진짜 자기돌봄

BRAIN FOG

'루틴'이라는 말에 벌써 기운이 빠지지는 않는가? '나는 의욕이라고는 없는 사람이야. 이 책에 있는 처방은 절대 실천하지 못해'라고 생각할 수도 있다. 머릿속에서 온갖 생각이 폭주하는 탓에 신경이 곤두서서 '도무지 집중할 수가 없어. 이건 시간 낭비야'라고 느낄지도 모른다. 하지만 분명 시도할 가치가 있다. 일단 몸의 감각을 인지하면 뇌는 즉시 그에 맞는 감정적 해석을 내놓을 것이다. 변화는 거기서부터 시작된다.

일상이 만성 스트레스로 가득하면 몸은 그 경험에 맞추어 변한다. 기진맥진하고 혼란스러우며 자신을 돌볼 의욕이 완전히 사라져버리는 것이다. 그러면 적당한 수면, 건강한 영양 섭취, 규칙적인 운동과 휴식 등 안정적 생활방식을 유지하기 어렵고 매일 해야 하는 일들도 제대로 처리하기 힘들다. 주의력과 집중력, 기억력이 떨어지고 기분은 수시로 널을 뛴다. 극단적인 경우이긴 하지만, 오랫동안 자신을 돌보지 않고 방치하다가 병에 걸리거나 심신이 극도로 쇠약해지기도 한다.

마음과 몸을 잇는 악순환에 갇히면 패배감에 젖기 쉽다. 할 일 목록에 적어둔 일을 가까스로 처리해가며 매일을 살아가지만 몸도 마음도 크게 지쳐 있다. 마침내 잠시 멈춰서서 상황을 파악해보면 현재 나의 삶과 건강이 얼마나 엉망인지 실감하게 된다. 또한 내게 상황을 개선할 역량이 있는지 회의감에 빠지게 된다.

이럴 때는 나 자신을 일관되게 보살펴야 한다. 쉽진 않지만 스트레스를 해소하고 기분을 돋우는 가장 효과적인 방법이다.

☁ 시간이 지날수록 굳어지는 나쁜 습관

브레인포그에 시달린다면 여러 가지 일에 지나치게 노력하고 있을 가능성이 크다. 학교나 직장에서 너무 많은 시간을 보내거나 (과도한 업무나 학업, 동료나 친구를 돕거나 기분을 맞추는 등) 가족에게 끝없이 헌신하면, 시간이 지날수록 주변 사람들이 더욱 나를 의지하고 내 어깨에 얹힌 책임감은 갈수록 무거워진다. 그런데 시간과 여력은 누구에게나 한정적이다. 이런 추가 과제를 떠안으면 정작 자신을 돌볼 여유는 거의 남지 않는다.

업무를 처리하고 사랑하는 사람들을 돌보기 위해 항상 긴장 상태를 유지하면 스트레스가 발생하며, 스트레스를 가중시키는 잘못된 보상을 자신에게 줄 가능성이 커진다. 나 스스로 얼마나 많은 책임을 짊어지는지, 남에게는 지나치게 헌신하면서 정작 내게는 스트레스를 더해주기만 하진 않는지 잠깐 생각해보자. 이런 패턴을 보여주는 몇몇 사례를 읽고 나와 비슷한 경우가 있는지 살펴보자.

에바는 주 5일, 하루 12시간씩 컴퓨터 작업에 매달렸다. 컴퓨터 엔지니어인 그녀는 매일 같은 시간에 일어나 전날과 같은 옷을 입고 소파에 앉아 일을 시작했다. 잠깐 일을 멈추고 식사를 하거나 외출하는 일은 없었다. 모니터에서 고개를 들 때마다 생활이 얼마나 엉망인지 한눈에 볼 수 있었다. 싱크대에 쌓인 설거짓거리, 난장판이 된 방, 가득 찬 빨래통…… 최악이었다. 그러면 다시 업무에 몰입해 그 모든 것으로부터 재빨리 달아났다. 일이 끝날 시간이 되면 비로소 엄청난 허기를 느꼈다. 뭐든 그때그때 당기는 음식을 배달시켜 먹었고, 스트레스를 푼다는 명목으로 밤늦게까지 텔레비전을 봤다. 다음날 아침이 되면 같은 루틴을 반복했다.

사이먼은 고등학교 때부터 의사가 되겠다는 꿈을 품었다. 의대에 입학하자 꿈이 이루어졌다고 생각했다. 종일 공부에 매달렸고 주말에 여자친구와 데이트하는 것 외에 학교 밖에서의 삶은 전혀 없었다. 어느 날 여자친구가 갑자기 결별을 선언하자 사이먼의 세상은 무너져버렸다. 성적은 떨어지고 집중하지 못했다. 절망적인 날들이 몇 달이 넘도록 이어지자 사이먼은 자신이 실패자처럼 느껴졌고 결국 학교를 자퇴했다. 삶의 목표도 잃어버렸다. 종종 무엇을 먹어야 할지도 모르는 채 냉장고 안을 멍하니 들여다보는 자신을 발견한다. 그러다 냉장고 문을 닫고 다시 몽상에 빠져든다. 멍한 것 외에 다른 감각을 느끼기 위해 술을 마시고 스마트폰 화면을 본다.

카야는 직장이 지루하고 따분했다. 종일 병원에서 전화를 받고 예약 일정을 관리하는데, 바쁠 때도 있지만 할 일이 없는 시간도 길었다. 일하고 있으면 왠지 마음이 불안해졌다. 인생의 여러 일들을 걱정하고, 계획하고, 어떤 걸 더 잘해야 하는지 조사했다. 퇴근 즈음이면 아무 의욕도 없고 공허했다. 그런 기분을 잊으려고 저녁에는 몇 시간씩 인스타그램을 들여다보고 담배를 피웠다.

줄리는 잠을 거의 못 자고 카페인에 의지하고 있었다. 높은 연봉을 주는 직장에서 뒤처지지 않고 세 아이를 돌볼 유일한 방법은 카페인을 들이붓는 것이라 믿었다. 새벽 5시 30분에 일어나 고강도 운동으로 하루를 시작했다. 그리고 종일 커피를 마시며 업무 전화를 받고 아이들에게 필요한 일들을 처리했다. 신경은 계속 날카롭게 곤두섰고 전화벨 소리만 울려도 과도한 각성 상태에 빠졌다. 아이들이 잠자리에 들고 전화가 울리지 않으면 그제야 본격적으로 일할 기분이 들었다. 줄리는 어차피 불면증이 있으니 밤새 일해도 문제없다고 생각했다.

조나는 3년간 암투병하는 아내를 돌보았다. 일할 때를 제외하고는 대부분 부인과 시간을 보냈다. 병원에 가고 투약을 관리하며 아내가 최대한 편안히 지내도록 도왔다. 아내가 세상을 떠나자 감당하기 어려운 슬픔이 밀어닥쳤다. 조나의 자아의식은 바닥났고 상황을 바꾸려는 의지도 생기지 않았다. 퇴근하고 나면 포장음식을 먹으며 멍하니 텔레비전만 봤다. 지적 능력이 떨어지는 것 같았고 아내가 살아 있었을 때 더 예리하게 생각하고 많은 일을 처리할 수 있었던 이유가 뭘까 종종 생각했다. 나이가 들어서 이렇게 된 거라고 스스로 되뇌었다.

이렇게 자신을 건전하게 돌보지 않는 패턴은 시간이 흐르면서 굳어진다. 그 기간이 길수록 스트레스에서 벗어나거나 무뎌지기 위해 더 자멸적으로 행동한다. 그러나 스트레스에 무뎌지면(나는 이런 현상을 '거짓 자기돌봄'이라고 한다) 지치고 공허한 상태로 브레인포그에 갇혀버린다.

☁️ 거짓 자기돌봄을 직시하기

단기적으로는 기분 좋아지지만 장기적으로는 기분을 악화시키는 '보상'에는 무엇이 있을까? 자신에게 선물이나 보상을 주는 것은 의욕을 유지하는 건전한 방법이지만, 유익한 방향으로 상황을 이겨내는 대신 '거짓 자기돌봄'에 기대진 않는지 잘 살펴야 한다. 자신을 브레인포그에 가두는 거짓 자기돌봄의 사례를 알아보자.

- 약물
- 알코올
- 무분별한 텔레비전 시청

- 포르노

- 강박적으로 게임하기

- 위험한 행동

- 며칠이고 집에 틀어박히기

- 단것 잔뜩 먹기

- 탄수화물 잔뜩 먹기

- 충분히 먹지 않기

- 흡연

- 카페인 들이붓기

- 일 중독

- 수면 과다

- 수면 부족

- 빨래 쌓아두기

- 각종 고지서 연체하기

- SNS나 인터넷 중독

- 지속적인 멀티태스킹

- 도박

- 뉴스에 대한 강박적 관심

브레인포그의 핵심에는 언제나 거짓 자기돌봄에 심하게 의존하고 진정한 자기돌봄을 실천하지 못하는 문제가 도사리고 있다. 문제를 해결하려면 이런 악습에서 벗어나 건전한 습관이 자리 잡을 공간을 마련해야 한다.

| 문제해결 트레이닝 |

진정한 자기돌봄을 시작하자

진정한 자기돌봄의 예를 몇 가지 정리했으니 실천해보자.

- 매일 한 시간 동안 휴대폰, 태블릿, 컴퓨터 등의 전자 기기를 사용하지 않고 혼자 시간 보내기
- 목욕
- 명상
- 일기쓰기
- 산책
- 친구와 통화하며 그 시간에 집중하기

- 정원 가꾸기

- 채소와 콩류로 식사하기

- 건강검진 예약

- 요가수업 듣기

- 동물 쓰다듬기

- 아이와 함께 공원에 가고 그 시간에 집중하기

- 앉아서 나무, 해, 구름을 바라보기

- 하루 삼시세끼를 챙겨먹기

- 옷장 하나를 정리하기

- 방 하나를 치우기

- 차 안을 치우기

- 향이나 향초 피우기

- 휴대폰을 매일 일정 시간 동안 무음으로 해두기

- 한 번에 한 가지 일만 하고, 거기에만 온전히 집중하기

- 차 한 잔을 마시되, 다른 일은 아무것도 하지 않고 차 마시는 데 집중하기

- 여행 떠나기

- 각종 요금을 납부하고 집을 가꾸기

- 하루 세 끼 중 한 끼에 채소와 과일을 추가하기
- (업무나 학업이 아니라) 재미를 위해 책을 읽기
- (업무나 학업이 아니라) 재미를 위해 오디오북 듣기
- 마사지 받기

진정으로 자신을 돌보는 행동 하나를 매일 실천해서 마음의 평화를 쌓자. 작고 쉬운 일 하나를 실천하면 내 삶에 더 큰 영향을 미칠 건전한 습관을 정착시키는 데 필요한 새로운 에너지와 자신감이 생긴다.

진정한 자기돌봄을 권하면 내담자들은 종종 회의적인 반응을 보인다. 해결해야 하는 급한 일들이 많아서 '시간 낭비' 정도로 취급하는 것이다. 그러나 사실은 정반대다. 진정한 의미에서 자신을 돌보지 않으면 업무에서도 자기 역량을 제대로 발휘하지 못할뿐더러 사람들과 함께하는 시간에 집중하지 못해 인간관계에도 문제가 일어난다.

☁ 기분을 바꾸어 삶을 변화시키기

할 일이 너무 많다고 느껴질 때, 자신을 건강하게 돌보는 것만큼 과부하를 빨리 줄여주는 일은 없다. 누구나 아는 사실이지만 안다고 해서 모두 실천하지는 않는다.

기분이 좋지 않을 때 건강한 습관을 실천하기는 어렵다. 사람들이 탄탄한 자기돌봄 루틴을 유지하는 이유는 단 하나다. 어려움에도 불구하고 해내려는 것이다. 침대에 편안히 누워서 좋아하는 프로그램을 보고 싶지만, 나가서 조깅을 하라고 자신을 밀어붙인다.

브레인포그를 겪고 있다면 자신을 돌볼 의욕이 부족한 상태이다. 자기돌봄이라는 개념 자체가 지금 상황과 기분과 동떨어져 있어 마치 고문처럼 느껴질 수 있다. 몸 안의 스트레스 호르몬 때문에 하루를 살아나가는 것만으로 충분히 버겁고 자신을 돌볼 여유 따위는 없다고 생각한다. 그러나 건강하게 자신을 돌보는 루틴이 없다면 만성 스트레스가 쌓이고 결국 건강과 웰빙의 가장 필수 조건인 수면 사이클, 활동량, 사회적 상호작용, 운동, 식사 등에도 영향을 미친다. 이 상태가 계속되면 상황을 바꾸려고 노력할 의욕조차 사라진다. 그 결과 무거운 기분에서 벗어날 빠른 해결책을 찾아 헤맨다.

그러나 이 모든 악순환에도 불구하고 노력을 기울이면 건강하지 못한 습관을 버리고 앞으로 나아갈 수 있다. 술담배를 끊고, 운동을 시작하고, 부모가 되고, 과식을 멈추고, 채식주의자가 되는 등 삶을 바꿔놓는 다양한 루틴을 실천에 옮겨보자. 사람은 항상 변한다. 우리는 모두 변화할 역량을 지니고 있다. 건강한 습관을 실천하려면 처음에는 의식적으로 노력해야 하지만, 진정한 자기돌봄은 어마어마한 보상을 가져다주므로 그럴 만한 가치가 충분하다.

| 문제해결 트레이닝 |

나를 더 잘 돌보는 삶은 어떤 모습일지 상상해보자

진정 나를 잘 돌본다면 어떤 일이 일어날지 적어보면서

> 건강한 습관을 들이기 위한 의욕을 고취시키자. 규칙적
> 으로 운동하거나 충분히 숙면하면 스트레스 수치는 어
> 떻게 변할까? 매일 얼마간 나를 위한 시간을 가지면 자
> 신에 대한 생각은 어떻게 바뀔까?

처음에는 새로운 습관을 유지하기가 쉽지 않을 것이다. 하지만 매일 조금씩 실천하면 마음의 평화, 정돈된 생활, 명료한 일상, 향상된 역량을 손에 넣을 수 있다.

건강한 자기돌봄이 뇌에 미치는 영향

뇌에 작용해 기분을 돋우는 강력한 화학물질인 도파민은 건전한 행동을 장려할 수 있다. 당신이 이 글을 읽는 동안에도 새로운 과제와 습관을 실천해야겠다는 생각이 들면서 도파민 수치가 상승할 수 있다. 그러나 도파민 보상 회로는 좋지 못한 행동을 할 때조차 활성화된다. 극단적 사례지만 약

물을 사용해도 도파민은 즉각적이고 중독적으로 상승한다. 약물만큼 강력하지는 않지만 포르노, 도박, 폭식, 게임, 술, 과도한 TV 시청도 모두 도파민 급증 현상을 일으킨다. 앱, SNS, 웹사이트를 클릭하는 것도 뇌의 도파민 보상회로를 활성화한다. 놀랍게도 업무 중독 역시 비슷한 결과를 낳는다.

놀이공원에 간 아이가 놀이기구를 더 많이 타고, 더 많은 사탕을 먹고, 더 많은 팝콘을 먹고, 더 스릴을 즐기고, 더 재미있게 놀고 싶어 하듯, 도파민 보상 회로가 활성화되면 자극이 사그러든 뒤에는 어떤 상태에 빠질지 이성적으로 생각하지 않고 계속 자극제만 찾아나서게 된다.

당연하게도 흥분과 금단 사이를 오가는 패턴은 자멸적이다. 몇 시간 넘게 SNS를 하거나 끝없이 인터넷서핑을 해본 사람이라면 누구든 이렇게 자문한 적이 있을 것이다. "내가 왜 이런 걸로 시간을 낭비하지?" 건강한 일상 습관을 실천하지 못한다며 주기적으로 자책하고, 알면서도 왜 못 하는지 자괴감에 빠진다. 그러나 실컷 반성한 뒤에도 정작 할 일을 하도록 자신을 이끌지 못한다. 건강한 식사와 운동 대신 정크푸드와 소파를 택할 때, 나는 '미래의 나'가 얼마나 패배감을 느낄지 생각하지 않는다.

다행히도 건강하지 못한 행동을 할 때 활성화되는 신경회로는 건강한 습관을 실천할 때에도 활성화된다. 부정적 요인을 제어하고 상황을 통제할 때도 도파민이 분비된다. 지금 당장 건강한 자기돌봄을 실천할 계획을 세우고 지속해서 실천하면 매일 도파민 자극을 얻을 수 있다. 이런 건강한 행동이 습관으로 굳어지는 사이, 머릿속에서는 행복감과 소속감 등의 긍정적 감정이 나타나고 우울감과 과민성을 줄여주는 다른 행복 호르몬도 분비된다.

충분한 영양, 수면, 운동, 휴식을 통해 뇌를 돌보면 기억력이 향상되고 삶에 집중할 수 있는 여유가 생긴다. 탄탄한 자기돌봄 습관은 집의 토대 역할을 하며, 브레인포그에서 점차 벗어날 최적의 여건을 마련해준다.

나를 위한 습관

이 장에서 권하는 처방이 쉽지 않고 힘들다고 생각할 수도 있다. 현재 내 상황이 회의적이고, 정말 바뀔 수 있을지 의문스럽고, 건강한 상태가 어떤 모습인지 모르겠고, 상식을 벗어난 수준의 짐을 스스로 짊어지고 있다면 더욱 그럴 것이다. 변화를 일으키는 일이 너무 힘겹게 느껴져서 의욕을 잃고, 포기하고, 예전으로 돌아갈 수도 있다.

그러나 작은 습관이 큰 변화를 불러온다는 것을 잊지 말자. 더욱 건강한 삶을 살기 위해 마라톤을 뛰거나 삼시세끼 채소만 먹을 필요는 없다. 작은 습관을 실천하는 것으로 충분하다.

뇌를 돌보고 새로운 패턴을 시작하는 데 도움이 되는 소소한 일상 습관을 소개한다.

영양

음식은 삶의 큰 기쁨 중 하나이며 건강한 뇌를 유지하는 연료이기도 하다. 일례로 식물에 함유된 화학물질인 플라보노이드를 섭취하면 인지저하를 예방할 수 있다는 연구결과가 있다(Yeh et al. 2021). 매일 최소 2분의 1인분 이상의 플라보노이드(사과, 오렌지, 고추, 딸기, 배 등)를 섭취하는 사람은 집중력과 기억력 감퇴를 겪을 확률이 낮았다. 특히 고무적인 점은 최근 플라보노이드를 먹기 시작한 사람들도 20년간 먹은 사람과 같은 효과를 보았다는 사실이다. '노화 및 뇌건강 혁신 센터(Center for Aging and Brain Health Innovation)'의 과학자와 영양학자가 개발한 〈뇌영양식 가이드(Brain Health Food Guide)〉는 기억력과 사고력을 포함한 인지기능 저하를 예방하는 식습관을 소개한다(Baycrest 2017). 이 가이드에서 권장하는 식사 패턴을 실천하면 기억력 감퇴를 늦추는 등 인지기능이 향상된다(Smith et al. 2010; Valls-Pedret et al. 2015).

| 문제해결 트레이닝 |

건강한 식단을 위한 간단 조언

아래 조언을 참고해서 오늘 당장 영양 상태를 개선하자.

- 다양한 채소와 과일을 먹자.

- 붉은 고기를 제한하자.

- 특정 '슈퍼푸드'에 집착하기보다 전반적으로 건강하게 먹자.

- 물을 더 많이 마시자.

- 케일, 시금치, 상추 등 녹색 잎채소를 매일 먹자.

- 콩류는 일주일에 여러 번 챙겨 먹자.

- 베리류는 일주일에 여러 번 챙겨 먹자.

- 간식으로는 먹기 좋게 썬 채소, 과일, 저지방 요거트를 먹자.

- 브로콜리, 콜리플라워, 미니양배추, 양배추, 케일 등 십자화과 채소를 많이 먹자.

- 생선과 견과류는 일주일에 몇 번 챙겨 먹자.

- 찬장에서 가공식품과 설탕을 치우자.

- 카페인이 든 음료를 줄이자.

만성 스트레스에 시달리면 커피나 에너지 음료 같은 각성제에 의지하기 쉽다. 정신이 번쩍 들고 집중력이 향상된 느낌을 받기 때문이다. 그러나 각성제에 지나치게 의존하면 몸의 신경이 곤두서고 예민해져서 브레인포그가 악화된다. 식단에서 카페인을 완전히 배제하자. 도저히 불가능하다면 우선 카페인 섭취를 반으로 줄인 다음 거기서부터 더 줄여나가자.

브레인포그에 시달릴 때는 술, 담배를 끊어야 좋다. 니코틴과 알코올 모두 뇌의 도파민 보상 회로를 활성화시킨다. 그러나 흥분이 가시면 스트레스와 불안이 가중되어 증상을 완화시키기 위해 또 다른 자극을 추구하게 된다. 하루 종일 언제 담배를 또 피울 수 있나 생각하며 지내거나, 밤마다 마시는 맥주나 와인 한 잔이 하루의 목표가 되어버릴 수도 있다. 브레인포그를 극복하려 애쓴다면 한 달간 금주, 금연하자. 때로는 술, 담배만 끊어도 새로운 세상이 열려서 높은 에너지와 집중력을 발휘할 수 있다.

수면

숙면은 신체적, 정신적 건강의 핵심이다. 최근 수면장애를 겪는 사람이 늘고 있다. 미국에서는 성인 5천만~7천만 명이 수면장애에 시달리는데, 가장 흔한 증상은 불면증이다 (American Sleep Association 2022). 충분히 못 자거나 너무 많이 자는 사람은 우울과 불안, 과민, 인지장애 등 다른 문제도 겪을 확률이 높다. 해결책은 수면을 특별하고 신성한 활동으로 취급하고 뇌가 쉽게 잠들도록 진정 효과가 있는 루틴을 세우는 것이다.

건강한 수면습관을 규칙적으로 실천하면 뇌가 잘 시간임을 깨닫고 긴장을 풀게 된다. 동일한 습관의 일관된 실천이 중요하다. 습관이 정착되면 수면 루틴만 시작해도 몸이 편안해지고 잠이 올 것이다.

| 문제해결 트레이닝 |

마음을 차분하게 가라앉히는 수면 루틴을 만들자

수면 루틴은 항상 같은 시간, 가능하면 잠들기 한 시간

전에 시작하면 가장 좋다. 휴대폰, 텔레비전, 컴퓨터 등 전자기기를 끄고 따뜻한 물로 샤워한 후 편한 잠옷으로 갈아입는다. 카페인이 없는 따끈한 음료를 마신다. 편안하게 누워서 (독서, 뜨개질, 호흡 등) 긴장이 풀리거나 마음이 진정되는 일을 한다. 졸음이 오면 불을 끄고 이완 운동을 한다. 점진적 근육 이완법을 실천하거나 긴장이 풀리는 이미지를 떠올린다.

잠들 수 없다면 "왜 잠이 안 오지?" 자문하는 대신 "잠들지 않아도 괜찮아. 적어도 쉬고 있으니까"라고 말하자. 그리고 불을 끈 상태에서 점진적 근육 이완법을 한 번 더 시도하자. 잠이 들지 않더라도 몸의 긴장을 푸는 데 집중하는 것이 바람직하므로 시계는 눈에 띄지 않는 곳에 치워두자.

매일 아침 같은 시간에 일어나자. 7~9시간 정도 자면 충분하다. 지나치게 짧거나 길게 자면 수면습관을 망친다. 잠자리 루틴을 만들어두면 더 푹 잘 수 있다. 밤잠을 설쳤더라도 다음날 낮에 졸거나 평소보다 일찍 잠자리에 드는 식으로 잠을 벌충하는 것은 좋지 않다.

운동

운동의 장점은 다양하다. 브레인포그를 겪고 있다면 완벽주의적 사고방식이 원인일 수 있다. 완벽주의를 추구하는 사람은 "걷는 건 시간 낭비야. 헬스장에 가야지"라고 말하고는 정작 아무것도 하지 않는다. 걷기는 효과적인 운동이라 생각지 않기 때문이다. 하지만 단언컨대 걷기는 충분히 효과가 좋은 운동이다.

현실적인 운동 목표를 세우는 일이 무엇보다 중요하다. 걷기, 요가, 하이킹, 하다못해 쇼핑몰을 어슬렁거려도 좋으니 지금보다 활동량을 늘리자. 2주가 지나면 운동 강도를 올리거나 시간을 더 늘린다. 매일 15분간 걷기를 시작했다면 2주 뒤에는 30분 걷는 것이다. 그런 다음에는 15분간 가벼운 조깅, 남은 15분은 걷는 식으로 운동량을 더한다. 건강해지려면 조금씩 운동 시간과 강도를 늘려야 한다.

운동과 함께 할 수 있고 도파민 수치를 올려서 의욕을 불어넣을 긍정적인 활동을 찾아보자. 친구와 같이 운동하거나 그룹 피트니스에 참여하는 방법도 있다. 내 경우, 전에는 운동을 그리 즐기지 않았지만 그룹 운동에 참여하면서 규칙적으로 운동하게 되었다.

병원을 찾아 운동 루틴이 내 몸 상태와 맞는지 확인하자.

이제 운동 목표를 일기에 적어두고 운동할 때마다 몸의 엔돌핀, 인지기능, 자신에 대한 신뢰가 증가하는 것을 느껴보자.

휴식

진정한 휴식시간을 늘리자. 방법은 간단하다. 거짓 자기돌봄이나 심신을 무디게 만드는 습관에 낭비하는 시간을 줄인다. 거짓 자기돌봄 습관을 단번에 끊으려 하기보다는 우선 절반으로 줄인 다음 조금씩 더 줄여나가자. 하루에 두 시간씩 인스타그램을 들여다보았다면 타이머를 맞춰두고 한 시간만 보고 남은 한 시간은 다른 방식으로 쉬는 훈련을 하자.

건강하게 휴식을 취하는 방법은 다양하며, 7장에서 자세히 다루겠지만 마음챙김을 실천하면 현재를 음미할 수 있다. 마음챙김의 측면에서 빠른 성과를 보는 방법은 간단하다. 가능한 매일 자연 속에서 잠깐이라도 시간을 보내는 것이다. 자연과 더불어 시간을 보내면 작업기억, 인지유동성, 주의력이 증가한다(Schertz and Berman 2019). 자연은 여러 요소를 통해 우리를 지나치게 흥분시키거나 지루하게 하지 않으면서도 심신을 편안하게 만들어준다. 맑은 하늘, 푸른 나뭇잎, 풀, 향기, 소리 등 주변의 자연에 집중하기만 해도 머리가 맑아지고 심신이 안정될 것이다.

5장 총정리

이 장에서 다룬 몇몇 트레이닝은 실천하기 어렵게 느껴질
수도 있다. 하지만 당신이 실천에 옮긴 작은 습관은 건강과
행복으로 나아가는 새로운 출발점이라는 사실을 명심하자.
운동, 휴식, 질 좋은 수면과 식사는 상호 보완적이다. 낮에
운동하거나 야외활동을 하면 밤에 숙면을 취할 가능성이
높고, 잠을 잘 자면 다음날 운동할 의욕이 솟는다. 브레인포
그에서 벗어나려면 건강한 습관은 꼭 필요하다.

다음 장에서는 부정적 생각이 브레인포그에 미치는 영향과
해결책을 알아보자.

• • •

스트레스를 해소하고 기분을 돋우는 가장 효과적인 방법은
나 자신을 일관되게 보살피는 것이다.

여섯 번째 처방

잠시
멈추기

생각의 속도가 느려질수록 선명해지는 현실

BRAIN
FOG

잠시 아무 생각도 하지 말라. 머리에서 생각을 완전히 지우는 것이다. 아무 생각도 하지 말아야 한다. 생각이 고개를 드는 게 느껴지면 곧장 신경을 끄고 생각을 멈추라. 이 문단을 끝까지 읽고 나면, 더 읽지 말고 1분간 생각이 꺼질 때까지 가만히 앉아 있다가 다시 읽기 시작하자.

정말 생각을 멈출 수 있었는가? 그렇지 않았을 것이다. 생각은 끝없이 이어진다. 지금 하는 일과 하지 않는 일에 관해 생각하고, 어떤 일을 하든 마치 배경처럼 완전히 다른 생각이 머릿속을 흐르고 있다. 생각하는 뇌는 우리의 정체성과 매 순간의 경험을 규정하고 효능감, 행복감, 현재에 대한 집중력에 영향을 미친다. 생산적이고 생활에 보탬이 되는 방향으로 생각이 흘러가면 성장할 수 있지만, 부정적이고 패배적인 쪽으로 흘러가면 오히려 위축되고 만다.

아름답고 맑은 옹달샘에 천천히 수초가 끼는 모습을 상상해보자. 수초가 자랄수록 맑은 물은 탁한 녹색이 되어 옹달샘의 정체성을 바꿔놓는다. 우리의 생각도 마찬가지다. 계속 패배적인 생각을 하면 행복과 목표를 달성할 잠재력은 빛을 잃고 흐려진다. 내가 지금 처박힌 어두운 공간이 현실로 굳어지며, 뿌옇지 않고 명료한 생각을 할 수 있다는 사실조차 잊게 된다.

사람에 따라 다르지만 문제의 핵심은 대개 지속적인 걱정과 가정으로 이루어져 있다. 떠올리는 최악의 시나리오, 내가 제어할 수 없는 사건이나 상황에 대한 집착, 과거의 사건을 곱씹거나 장래 계획에 몰두하는 것 등이다. 이 상황에서 벗어나지 못하는 이유는 달리 생각하는 법을 모르기 때문이다. 이 상태에 오래 머물수록 '나도 변할 수 있다'는 사실을 믿기 어려워진다.

작은 옹달샘을 다시 맑게 만들 수 있듯, 의식적으로 노력하면 부정적 생각을 멈추고 만족감, 의욕, 자신에 대한 믿음을 되살릴 수 있다. 잠시 속도를 늦추고 내 생각을 관찰한 다음 그 내용을 관리하자.

☁ 생각 관찰하기 vs. 생각에 갇히기

브레인포그는 생각의 융단폭격을 맞아 삶에 제대로 집중하지 못하거나 자기 몫을 다하지 못하는 상태다. 의식을 드나드는 온갖 생각을 모두 따라가는 것은 자멸 행위다. 여유를 갖고 관찰할수록 생각은 더 편안하게 의식의 초점에 들어오고 나간다. 머리는 원래 그렇게 작동하는 법이다.

| 문제해결 트레이닝 |

생각을 관찰하자

생각에 갇히는 대신 생각을 관찰하기 위한 훈련을 하자.

1. 잠시 생각의 속도를 늦추고 앉아 몇 번 심호흡을 한다.

2. 내 일부가 생각과 분리되어 있는 모습, 생각을 인지하는 것만이 목표인 관찰자가 된 모습을 상상한다.

3. 지금 할 일은 내가 하는 생각을 인지하는 것뿐이다.

생각이 의식에 들어오고 또 나가는 모습을 주의 깊게 바라본다.

4. 내 마음을 관찰하면서 다음 질문들에 관해 생각하자. 내 생각은 이 주제에서 저 주제로 건너뛰는가, 아니면 몇몇 분야를 벗어나지 않는가? 내 생각은 불안한가, 슬픈가, 분노하는가, 계획적인가? 위 사항 모두에 해당되는가?

5. 생각에 갇히는 대신 의식에 침투하는 생각을 분류하고 규정한다. "걱정하는 생각이 의식 안으로 들어온다……", "건강에 대한 생각이 의식 밖으로 나간다……", "계획에 대한 생각이 들어온다……". 업무, 학교, 자존감, 인간관계, 가족 등도 흔한 생각의 범주에 속한다.

6. 나와 내 생각은 동의어가 아니다. 나는 내 의식을 드나드는 생각을 보고 있는 관찰자다. 특정 생각을 관찰하거나 자각하고 있다는 것을 소리 내어 말하면서 스스로 상기시킨다. "이런! 이 프로젝트 날려먹게 생겼네"라고 말하는 대신 "이 프로젝트를 날려먹을 거

라 생각하는군"이라고 하는 것이다.

7. 평가나 비판을 하지 말고 내가 생각을 인지하고 있다
는 것을 자각한다. "'걱정'을 하고 있군", "'자존감'과
관련된 생각을 하네."

8. 준비가 되면 훈련을 마친다.

관찰자가 되어 지켜보면 생각은 내 의식에 자연스럽게 드
나들 수 있다. 제어하려고 애쓰지 않으면 생각이 의식을 지
나 흐르는 모습을 살피는 데 도움이 된다.

자신의 생각을 관찰하는 간단한 연습을 통해 자멸적 사
고방식에서 한 발짝 물러날 수 있다.

☁ 생각하는 뇌와 스트레스

'고차원적 뇌'라는 별명이 어울리는 대뇌피질은 극도로 복
잡한 뇌의 외부 영역으로서 숙고하고, 문제를 해결하고, 계

획하고, 상상하고, 예측하고, 합리화하는 기능을 담당한다. 대뇌피질은 인지와 의식이 일어나는 곳이다. 삶의 모든 순간, 대뇌피질은 생각을 생산한다. 창의적 생각, 임의적 생각, 현실에 바탕을 둔 생각…… 개중에는 전혀 중요하지 않은 생각도 있다. 이상적인 상황이라면 중심을 잡고 현실에 집중하면서 자연스럽게 그런 생각을 솎아낼 수 있다.

그러나 만성 스트레스에 시달리면 뇌는 온갖 가능성을 계속 분석하느라 바빠서 이상적인 삶에 대한 생각을 밀어내버린다. 나도 모르는 사이 머릿속이 빙글빙글 돌아가며 불안해하고 고민하고 추측하고 상상한다. '그곳에 가면 이런 일이 일어날 거야', '그 결과를 얻으면 저런 일이 생길 거야', '이 말을 하면 어떤 일이 일어날까, 그 일을 안 하면 저런 일이 일어나겠지…….' 의식의 대부분이 온갖 가능성에 대해 생각하느라 낭비된다. 머릿속에서는 위험해 보이지만 현실은 그렇지 않다.

이상적인 경우, 아침에 일어나면 생각은 이렇게 흘러간다. '애들이 캠프에 가는 날이지, 깨워야겠어, 비가 올 것 같으니 비옷을 챙겨야겠네, 샤워부터 먼저 하고 애들을 데려

다준 다음에 출근해야지, 퇴근길에 장도 봐야겠어.'

반면 최악의 경우일 때 생각은 이렇게 이어진다. '어떡해! 애들이 아직 자고 있으니 보나마나 지각이네, 비옷을 찾을 시간이 없어, 정말이지 난 부모 자격도 없는 인간이야, 저녁엔 뭘 해 먹지? 보고서를 빨리 완성해야 하는데 저녁거리를 생각할 여유가 어딨어! 아, 완전히 망했어, 보고서를 얼른 쓰지 않으면 오늘 회의에서 바보 취급 받을 텐데.'

이처럼 스트레스로 인한 생각은 눈앞의 상황에 제대로 대처할 수 없을 만큼 나를 마구 몰아붙인다.

대뇌피질은 내가 처한 상황을 분석하고 결론을 낸다. 역량을 마음껏 발휘할 수 있을 만큼 상태가 좋으면, 뇌는 유용한 생각을 파악해내고 부정확하거나 불필요한 생각을 삭제한다. 그러나 스트레스에 시달리면 뇌는 우울한 해석에 휘말린다. 대부분 제대로 사는 데 방해가 되거나 사실과는 거리가 멀다.

그랜트의 이야기

그랜트는 호감 가는 상대와 멋진 데이트를 즐겼다. 두 번째 데이트 후 상대도 자신에게 호감이라고 확신한 그랜트는 즐거웠다는 내용의 메시지를 보냈다. 하지만 답장이 바로 오지 않자 고민이 시작되었다. 애초에 데이트가 성공적이었다고 생각했으면서도 불확실한 상황이 닥치자 항상 그랬듯 자기검열을 하고 자신이 저질렀을지 모르는 실수에 대해 생각하며 스스로를 괴롭혔다. 기분 나쁜 말을 했나보다 단정 짓고는 자신이 따분하고 지루한 사람이라는 자괴감에 휩싸였다. 며칠 동안 불안해하고 온갖 부정적인 결론을 낸 끝에, 그랜트는 여행을 다녀오느라 바로 답하지 못해 미안하다는 다정한 메시지를 받았다.

그랜트는 답장이 바로 오지 않았기 때문에 자신의 부정적 해석이 옳다고 믿었지만 사실은 불필요한 걱정의 늪에 빠져 있었다. 사람은 원래 자기 생각을 중시하지만 대뇌피질은 객관적인 기자처럼 행동하는 대신 온갖 주관적 해석을 내놓는다. 과거의 경험, 트라우마, 학습을 바탕으로 존재하지 않는 의미와 의의를 지어내기도 한다. 대뇌피질의 진실을 깨닫는다면 한 무더기의 쓸데없는 생각을 비워낼 수 있을 것이다.

내 생각이 항상 옳진 않다는 사실을 깨달은 뒤에도 대뇌 피질이 생산하는 생각을 고스란히 믿는 자신을 발견하기도 한다. 2장에서 다루었듯 일정 기간 반복된 경험은 동일한 뉴런 활동을 이끌어내기 때문이다. 스트레스를 불러오는 불안한 생각을 지우기가 무척 어려운 이유이기도 하다. 걱정이나 스트레스를 유발하는 생각을 떠올리면 이후 그 생각의 흐름은 더욱 활성화된다. '계속 같은 생각이 드는 걸 보니 아무래도 중요한 문제가 있는 것 같아'라고 믿을 수도 있다. 그러나 스트레스로 가득한 생각이 계속 떠오르는 이유는 그게 진실이라서가 아니라 우리 뇌가 특정 사건과 생각의 흐름을 오랫동안 연결 지은 결과, 신경 회로가 굳어졌기 때문이다.

하지만 의식적으로 노력을 기울이면 패배적이고 스트레스를 유발하는 사고방식도 분명 바꿀 수 있다.

☁ 생각에 의문을 제기하자

이 책을 읽는 당신은, 실수하지 않기 위해 항상 긴장하고 스트레스 받으면서 생각이 많아지는 사이에 브레인포그를 마주한 경험이 있을 것이다('잘못될 수 있는 모든 가능성을 염두에 두지 않으면 분명 잘못되고 말 거야!'). 그러나 최악의 시나리오를 예상한다고 해서 그런 일이 발생할 가능성이 줄어들지는 않는다. 오히려 감정 에너지만 소진하는 바람에 정작 난관을 실제로 맞닥뜨리면 제대로 대처할 기운도 남지 않을 뿐이다.

생각이 떠오를 때마다 기정사실로 여긴다면 어떤 일이 일어날까? 시험 점수가 한 번 낮게 나오면 '이제 좋은 대학에 가긴 틀렸어!'라고 생각한다. 비행기가 난기류 탓에 약간 흔들리면 '이러다 추락하면 어떡하지?' 불안해한다. 중요한 회의에 가는 길에 차가 고장 나면 '항상 나한테는 나쁜 일만 생긴다니까!' 비관한다. 사교 행사에서 혼자 서 있게 되면 '다들 나를 피하는군'이라고 슬퍼한다. 이처럼 최악의 가능성을 상정하는 생각은 주어진 상황에 효과적으로 대처할 수 없도록 우리를 패닉 상태에 몰아넣는다. 다행히도 이런 생각을 물리칠 효과적 전략이 있다.

평소 최악의 상황을 상상하는 편이라면 부정적 결론을 내리기 전에 문제를 좀 더 현실적으로 바라보자. 자신에게 거짓말을 하라는 뜻이 아니라, 가장 확률이 크거나 논리적인 가능성을 고찰하라는 말이다. 먼저 대뇌피질이 생산하는 최악의 시나리오를 떠올리고, 이어 최선의 시나리오를 상상하면 효과적이다. 가장 가능성이 큰 시나리오는 그 사이 어딘가에 있을 것이다.

위의 경우처럼 발표를 맡은 중요한 업무 회의에 가는 길에 차가 고장 났다고 가정하자. 아래 질문에 답하면서 최악, 최선, 가장 가능성 큰 시나리오는 무엇일지 생각해보자.

1. 최악의 결과는 무엇일까?

   예) 해고될 것이다.

2. 최선의 결과는 무엇일까?

   예) 회의가 연기 또는 취소되어 다들 내가 지각한 줄도 모를 것이다.

3. 가장 가능성이 큰 시나리오는 무엇일까?

   예) 회의에 지각하는 상황을 바꿀 수는 없다. 하지만 나는 문제를 해결하기 위해 최선을 다할 것이다.

이런 식으로 한 발짝 물러나 생각하면 상황을 현실적으로 이해하게 되어 스트레스를 줄이고 효과적으로 대응할 수 있다.

최악의 상상만 하는 습관을 버리고 객관적 시각을 도입하는 또 다른 방법은, 내 걱정거리나 스트레스 요인을 뒷받침하거나 반박할 근거를 떠올리는 것이다. 사교 행사에서 혼자 서 있고 대화에 끼지 못한다고 치자. 여기는 내가 있을 곳이 아닌 것 같고, 남들에게 비호감으로 보였을지 모른다는 걱정이 고개를 든다. 여기서 잠깐 멈추고 걱정을 뒷받침하거나 반박할 근거를 찾아보자.

– **내가 비호감일지도 모른다는 생각을 뒷받침할 근거:** 사교 행사에 왔는데 아무도 내게 말을 걸지 않는다. 다들 내가 여기 온 줄도 모르는 것 같다.

- **내가 비호감일지도 모른다는 생각을 반박할 근거:** 이 행사장을 벗어나면 나를 좋아하고 나와 어울리고 싶어 하는 사람들도 많다. 나는 소수의 사람들과 더 잘 어울린다.

이렇게 근거를 떠올리면 최악의 결론을 내리기 전에 객관적 시각을 견지할 수 있다.

사람은 누구나 힘든 일을 겪는다. 인생은 원래 그렇다. 온갖 걱정을 다 해도 가끔은 힘든 일이 생긴다. 자동적으로 괴롭고 비관적인 결론을 내리지 말자. 나를 진정시키고, 편안하게 해주며, 상황을 제어하고 있다는 느낌을 주는 결론을 내자. 처음에는 그런 결론이 지나치게 긍정적이고 거짓 같을지 몰라도, 일단 그렇게 생각하자. 시간이 지나면 긍정적인 결론이 점점 더 자연스럽게 느껴질 것이다.

잘못된 결론의 흔한 유형

하던 대로 잘못된 결론을 내린다면 곧 자각해야 한다. 잘못된 결론을 내는 대신 상황에 효과적으로 대처할 수 있고 마음이 편해지는 결론을 추구하겠다고 마음먹자. 사람들이 자주 빠져들지만 실은 스트레스만 가중하는 잘못된 결론 몇 가지를 소개한다. 상황에 현실적으로 대처할 수 있는 생각도 덧붙였다.

- **최악을 상상하기:** 나쁜 일이 일어나면 최악의 시나리오가 펼쳐질 거라 지레짐작한다(회의에 가는 길에 차가 고장 났던 사례 참고).

- **불확실한 상황을 확실하게 하기:** 뇌는 불확실성이 삶의 일부라는 사실을 받아들이는 대신 나름의 답을 찾아 나선다.

  예) 건강검진을 받을 때가 됐는데…… 혹시 암이면 어쩌지?

  현실적인 생각: '내가 알 수도 없는 일을 걱정할 필요는 없어. 사실을 알게 될 때까지 운명에 맡기자' 또는 '머리만 아플 뿐 어떤 결론도 낼 수 없으니 아무 생각하지 말자.'

- **흑백논리:** 말 그대로 중간이 없는 경우다.

예) 이 프로젝트를 너무 늦게 시작했잖아. 절대 제때 끝내지 못할 거야.

현실적인 생각: 전에도 프로젝트를 늦게 시작한 적이 있었는데 아무 일도 없었지. 남은 시간 동안 최선을 다하자.

- **평가하기:** 구제불능, 따분한 인간 등 자신과 타인의 가치를 한마디로 평가한다.

예) 이 업무용 프로그램은 도통 이해가 안 돼. 팀 내에서도 내가 제일 덜떨어졌지.

현실적인 생각: 누구나 장단점이 있어. 프로그램을 다루는 구체적인 방법을 배우고 익혀나가면 돼.

- **비현실적인 기대:** 나 자신, 나아가 남들까지도 정해진 방식으로 행동하지 않으면 돌이킬 수 없는 결과가 따르리라는 완벽주의적 사고방식을 지니고 있다.

예) 출장에서 돌아와 친구의 파티에 갔다가 행사를 주최하려고 했는데 늦어지고 있잖아. 아무것도 제대로 하는 게 없네.

현실적인 생각: 파티 초대는 거절해도 괜찮아. 모든

것을 다 하고도 건강하게 살기란 불가능해.

- **미신적 사고:** 스트레스를 받고 걱정해야만 좋지 못한 일이 생기지 않을 거라 믿는 경우다. 실상은 걱정할 수록 불안감만 커져서 객관적으로 생각하고 상황에 대처하기가 더욱 어렵다.

예) ~에 대해 걱정하지 않으면 나쁜 일이 일어날 거야.

현실적인 생각: 걱정한다고 해서 그 일이 벌어질 확률이 높아지거나 낮아지진 않아.

- **과거의 경험에 기반한 추론:** 과거의 좋지 않은 순간이나 정보를 하나 골라서 언제나 같은 문제를 겪으리라 결론짓는다.

예 1) 사람들은 항상 날 떠나려고 해. 난 절대 동반자를 만나지 못할 거야.

현실적인 생각: 모든 연애는 새로운 가능성을 지닌 또 다른 시작이지.

예 2) 나한테는 꼭 이런 일만 생긴다니까.

현실적인 생각: 그런 일이 일어나지 않았던 때를 돌이켜보자.

예 3) 승진 기회에서 밀려났잖아. 평생 과장 신세를 못 면하겠지.

현실적인 생각: 지금 부족한 부분을 찾아내서 다음 승진에서는 꼭 기회를 잡자.

- **자기회의:** 어려운 상황이나 부정적인 미래의 시나리오에 대응할 때 나의 역량을 깎아내린다.

예 1) 그런 일이 일어나면 나는 콱 죽어버릴 거야.

현실적인 생각: 그런 일이 일어나도 나는 잘 헤쳐나갈 거야. 해결 방법이 있을 거야.

예 2) 그 건은 절대 해결하지 못할 거야.

현실적인 생각: 그 일이 일어나지 않기를 바라지만, 혹시 일어난다면 내 생각보다 더 현명하게 처리할 수 있을 거야.

이렇게 잘못된 결론에 도달하는 경로를 파악하면 스트레스를 줄이고 삶과 난관을 현실적으로 이해할 수 있다.

문제 곱씹기와 문제해결

문제를 곱씹는 것은 기분 좋지 않거나 스트레스를 느끼게 된 온갖 원인을 반복적으로 생각해서 스트레스를 악화시키는 행위이다. 회사에서 부정적인 피드백을 받았다고 가정하자. 듣기 싫지만 어떻게 대처해야 할지 모르겠고 머릿속은 온갖 생각으로 정신없이 어지럽다. '동료들이 나를 한심하게 생각하면 어쩌지? 내가 진행한 프로젝트를 다들 어떻게 평가할까, 이거 말고 또 문제가 있었던 건 아닐까? 이렇게 업무능력이 젬병인 걸 보면 학교 다닐 때부터 문제가 있었을 거야…….' 나도 모르는 사이 스트레스 호르몬이 방출되어 심장이 두근거린다. 찬찬히 제대로 생각하기 어렵고, 자녀나 배우자가 간단한 부탁을 해도 쉽사리 폭발해버린다. 그 결과 곱씹을 일은 더 많아진다. 이젠 부모나 배우자 자격도 없다며 자책해야 하니 말이다.

지금 당장은 문제를 곱씹으면 해결할 수 있으리라는 착각에 빠지기 쉽다. 생각을 너무 많이 하다 보면 현재 상황에 대한 무력감이 오히려 옅어지기 때문이다. '이 문제를 충분히 생각한다면 분명 해결할 수 있을 거야.' 하지만 문제를 곱씹는 행동은 수동적이며 아무런 변화를 일으키지 못한다.

문제를 곱씹는 것과 건강한 문제해결은 다르다. 건강한 문제해결은 무엇이 나를 힘들게 하는지 파악하고 그걸 줄이거나 해결하는 방법을 찾는 것이다. 무엇을 해야 좋을지 모르는 와중에 생각을 도저히 멈출 수 없다면 귀중한 에너지만 낭비할 뿐, 어떤 결론도 내지 못할 것이다. 이런 경우에는 수용을 실천해서 스트레스를 우주에 맡기자. 나는 완벽할 수도, 모든 것을 통제할 수도 없다는 사실을 기억하자.

| 문제해결 트레이닝 |

문제 해결력을 기르자

공책이나 일기장에 세로로 줄을 그어 두 칸으로 나눈다. 첫 번째 칸에는 지금 반복해서 겪고 있는 스트레스 요인 (주기적으로 생각하는 문제나 일)을 쭉 적는다. 두 번째 칸에는 각 요인에 대한 대응책을 몇 가지 쓴다. 스트레스 요인별 대응책을 하나 이상 골라 실천에 옮긴다.

상황을 바꾸거나 개선하기 위해 내가 할 수 있는 일이 없다면 스트레스의 요인을 운명에 맡기자. 언제나 내가 제어할 수 없는 일이 있다는 사실을 받아들이면 마음의 평화가 깃든다.

🌥 명료하게 생각하기

수초가 옹달샘을 뒤덮듯 스트레스에 휩싸인 부정적이고 패배적인 생각 흐름은 의식 전체를 흐트러뜨리는 힘이 있다. 이제 기존의 흐름을 끊고 부정적 생각을 지워서 명료하게 생각하는 법을 익히자.

생각일지를 쓰자

이 장에서 배운 내용을 활용하는 트레이닝이다. 생각의 속도를 늦추고 세심하게 성찰하는 데 도움이 될 것이다.

1. 스트레스 받는 상황, 사건, 인간관계에 관해 적는다.
   예) 심각한 건강문제가 있어서 각종 검사를 받아야 할 것 같아 너무 무섭다. 이 질환 때문에 고통을 겪고 수명도 짧아질 것이다. 할 일이 많은데 도무지 처리할 수 없다. 모든 것이 최악으로 치달을 테고, 나는 완전히 무너질 것이다.

2. 잘못된 결론을 내리고 있는지 생각해본다.
   예) 최악의 상상, 자기회의

3. 이 생각 때문에 얼마나 스트레스를 받고 있는지 1~10의 숫자로 표시한다(숫자가 커질수록 스트레스가 높다).
   예) 8.

4. 이렇게 스트레스를 받을 만한 근거가 있는지 살펴본다.

   예) 매일 오후 편두통에 시달린다. 하루에 한 번 이상 어지럼증을 겪고 휘청거린다. 회사 업무와 가사가 밀려 있어서 다른 일은 전혀 할 수 없다.

5. 내 걱정을 반박하는 근거를 찾아본다.

   예) 편두통이 없을 때는 일을 잘하고 기분도 괜찮다. 6개월 전에 받은 혈액검사 결과는 모두 정상이었다. 요즘 스트레스가 많아서 몸에 영향을 미쳤을 수도 있다.

6. 최악의 시나리오는?

   예) 죽을병에 걸렸고 제대로 살거나 가족을 돌볼 수 없을 것이다.

7. 최선의 시나리오는?

   예) 아무 문제도 없고 완벽하게 건강하다.

8. 가장 가능성이 크고 현실적인 시나리오는?

   예) 요즘 자신을 돌보는 데 소홀했다. 해결해야 할 증상이 몇 가지 있긴 하지만 생명에 지장이 있을 가능성은 작다.

9. 잘못된 결론을 현실적인 생각으로 바꾼다.

   예) 나는 어려운 일에도 잘 대처할 수 있다. 증상을
   심각하게 받아들이는 것도 나쁘지 않다. 스트레스를
   줄이고 더 건강한 생활을 해야겠다는 동기부여가
   된다.

10. 상황을 경감시키기 위해 할 만한 일이 있는지, 나머
    지는 운명에 맡겨도 될지 생각해본다.

    예) 병원 진료 예약을 잡는다. 충분한 숙면을 취한
    다. 매일 산책한다.

11. 이 트레이닝을 하고 난 뒤, 스트레스 수준을 1~10
    사이의 숫자로 나타내자.

    예) 6.

위 질문 목록을 활용해서 스트레스 수준을 낮추자. 스트
레스가 조금밖에 줄지 않았다 해도 의미가 있고 스스로
기분을 북돋을 수 있다는 가능성을 보여준다. 자멸적이
거나 잘못된 생각을 하는 자신의 모습을 볼 때마다 현실

적인 시나리오와 긍정적인 대처방법을 떠올리자. 이 경우에는 스스로에게 이렇게 말해줄 수 있다. '뭘 걱정하는지는 알겠어. 이건 해결 가능한 문제야. 어쩌면 더 나은, 건강한 생활을 시작할 출발점인지도 몰라.'

이제 머릿속이 어지러우면 잠시 속도를 늦추고 차분히 앉아서 공책에 생각을 적어보자.

6장 총정리

인생에서 피할 수 없는 난관에 제대로 대처하려면 자동적인 생각의 흐름을 관찰하고 자멸적인 생각을 현실적 생각으로 전환해야 한다. 능동적으로 문제를 해결하고 행동을 취하면 걱정을 곱씹는 일이 줄어든다. 생각을 제어하는 새로운 방식을 의식적으로 시도하면 걱정의 늪에서 허우적대는 대신 지금 이 순간 더 많은 시간과 집중력을 투자할 수 있다.

이제 지금 이 순간을 의미 있게 살기 위한 또 하나의 효과적 수단인 마음챙김을 알아보자.

마음
챙김

지금, 여기, 나에게 집중하라

BRAIN
FOG

운전 중인 출근길, 회사에 도착해서 할 일을 머릿속으로 그려본다. 생각이 밀려들면서 심장 박동이 빨라지고 얼른 업무를 해치우고 싶어 몸이 근질거린다. 핸들을 잡고 있지만 머리는 이미 사무실 책상 앞에 앉아 키보드를 두드리는 중이다. 그때 갑자기 끼어든 차 때문에 길이 막힌다. 몸의 스트레스 반응이 최고조에 달한다. 긴장되고 안절부절못하는 수준을 넘어 화가 치민다. 경적을 울리고 새로운 생각이 고개를 쳐든다. '대체 어떤 녀석이 여기서 새치기야? 나랑 무슨 원수라도 졌어? 뭐하는 놈이야?' 차들을 요리조리 피해 운전하는 동안 긴장으로 어깨가 딱딱하게 뭉치고, 이제껏 경험했던 부당한 상황들이 떠올라 머릿속을 가득 채운다.

브레인포그와 주의산만은 영혼의 단짝이다. 이런 식으로 과거의 일을 곱씹거나 미래에 관해서만 골몰하면 현실을 제대로 살 수 없다. 생각이 항상 다른 데 있으니 말이다. 언제나 뒤처진 느낌이고 허둥거리는 이유는, 눈앞의 경험에 온전히 집중하지 못하기 때문이다.

마음챙김과 수용 연습은 과거와 미래를 쏘다니는 뇌를 붙들어준다. 마음챙김은 지금 이 순간, 즐겁고 고통스러운 모든 경험에 차분하고 따뜻한 태도로 집중하는 것이다. 마음챙김을 실천하면 자신과 더 밀접하고 편안한 관계를 맺을 수 있다. 내면이 편안해지면 외적으로도 영향을 주어 집중력이 강화되고 인내와 공감 능력도 커진다.

루나의 이야기

루나는 대개 그렇듯 기분 좋게 일어났다. 커피를 마시며 뉴스를 훑어보는데 아이와 남편이 아침을 먹으러 오자 왠지 짜증이 났다. 루나는 남편과 아이를 무척 사랑하기에 시간이 지나면 따뜻하고 친절하게 대하지 못했다는 자책감에 빠진다. 앞으로 잘해야겠다고 다짐한다.

루나는 언제나 전력으로 질주했다. 개인 사업체를 운영하고 엄마 노릇을 하느라 말 그대로 눈코 뜰 새 없었다. 상담실을 찾은 루나는 평소 생활에 대해 설명하면서, 개는 시끄럽게 짖어대고 아이들은 우당탕탕 뛰어다니고, 가스레인지 위에서 음식이 타고 휴대폰이 울려대는 와중에 끝없는 수학 문제를 풀려고 고심하는 것 같다고 했다.

설상가상으로 몸까지 아파오자 그녀의 스트레스는 극에 달했다. 몇 달 동안 쇠약해진 느낌이 들고 피곤했지만 업무와 집안일이 많아서 그렇다고 생각했다. 그러다 허리가 갑자기 아프고 어지러우며 걷기조차 어려워졌다. 마침내 병원을 찾은 그녀는 다발성 경화증 진단을 받았다. 감당하기에는 너무 큰 난관이었고, 쉽게 받아들일 수 없었다. 루나는 자신이 아는 유일한 대처법대로 밀고 나갔다. 가라앉지 않고 수면에 떠 있기 위해 더 열심히 일한 것이다. 하지만 그녀의 몸은 너무 지쳐서 의욕에 더는 발맞출 수 없었다.

루나는 자책했다. '대체 나는 왜 할 일을 제대로 처리하지 못할까? 더 열심히 하는 수밖에 없어.' 스트레스를 유발하는 이런 사고방식 탓에 신경은 더욱 과민해졌고 몸 또한 흥분과 긴장 상태를 벗어나지 못했다. 결국 과로와 탈수

증세로 입원해야 했고, 남편의 눈에 어린 걱정을 알아챈 그녀는 나를 찾아왔다.

루나는 마음챙김과 수용을 연습하기 시작했다. "지금으로 선 달리 할 수 있는 일도 없으니까요." 지금까지 그랬듯이 몸을 무시하는 대신 자신의 호흡, 몸의 긴장, 여타 신체적 감각을 이해하기 시작했다. 이 작은 여유는 큰 변화를 불러왔고 루나의 몸은 점차 안정되었다.

루나는 자신이 삶의 예측할 수 없는 측면을 극복하기 위해 지나치게 일에 매진했다는 사실을 깨달았다. 그리고 상황을 고치기 위해 노력하는 대신 '자신이 되기 위한 나만의 여유'를 마련했다.

루나처럼 당신도 안전하고 평화로운 기분을 누리고 성공하기 위해 삶의 모든 측면을 통제하려고 애쓰고 있진 않은가? 그러나 지나치게 자신을 밀어붙이면 내면의 나를 위한 여유는 바닥나고 만다. 그 결과 짜증나고 산만해지고 지금 이 순간에 집중하지 못한다. 이런 상태라면 아래 트레이닝을 통해 지금, 이곳에 다시 집중하자.

| 문제해결 트레이닝 |

작은 마음챙김 연습을 하자

조용한 장소를 찾아 편하게 앉아서 깊이 숨을 들이마시고 내쉬자. 각 감각을 체계적으로 인지하고 내가 관찰하는 감각에 모든 주의를 집중하자. 이 순간, 무엇이 보이는가…… 무엇이 들리는가…… 피부에는 무엇이 느껴지는가…… 입안에서 어떤 맛이 느껴지는가……. 생각이 다른 곳으로 흘러갈 때마다 심호흡하며 다시 내 감각에 집중하자.

7장 후반부에서 마음챙김을 활용하는 법을 자세히 다룰 것이다. 여기서는 마음챙김과 관련된 또 하나의 중요한 주제, 즉 내가 바꿀 수 없는 상황을 수용하는 법을 알아보자.

☁ 고통에서 수용으로

고통은 보통 두 가지 요인으로 이루어진다. 하나는 문제 그 자체다. 직장 문제, 건강 문제, 세계적인 사건, 자녀 문제, 독이 되는 인간관계, 트라우마, 마감, 과민, 피로, 과속 딱지, 소외, 결별, 실패, 실직, 돈 문제 등. 두 번째 요인은 그 문제에 관한 우리의 생각이다. '이게 현실일 리 없어', '내가 뭘 잘못했다고 이런 일이 일어났을까', '이걸 해결하지 않으면 안 돼', '어떻게 나한테 이런 상처를 줄 수 있어?', '내가 부족한 거야. 그래서 이렇게 된 거지, 뭐.' 첫 번째 요인인 문제 상황이 (완전히 해결되기 전까지) 지속되는 동안, 두 번째 요인은 끈질기게 우리를 괴롭히며 자멸로 이끈다. 그러나 후자야말로 우리가 손쓸 수 있는 유일한 부분이다.

우리는 '수용'을 통해 두 번째 요인을 제어할 수 있다. 수용을 실천하면 상황을 있는 그대로 볼 수 있다. 상황이 달라지길 바라는 것을 멈추고, 고통을 누그러뜨리기 위한 최선의 선택을 내린다. 침착하게 중심을 잡고, 용감하게 현실을 직시해서 바꿀 수 없는 일에 귀중한 에너지를 낭비하지 않을 수 있다.

반면 수용을 거부하면 공포와 분노 속에서 불편하고 불안하게 살아야 한다. 꿈꾸던 휴가를 떠났다고 상상하자. 타히티로 날아가 수상 방갈로에서 멋진 시간을 보내기로 했다. 방갈로 바닥은 투명해서 발밑을 헤엄치는 열대어가 보이고, 호화스러운 데크가 딸려 있어 내킬 때마다 방갈로 앞에 있는 나만의 바다로 뛰어들 수도 있다. 한껏 들뜬 마음으로 리조트에 도착한다. 호텔 직원이 소형 카트를 타고 나를 안내한다. 그런데…… 수상 방갈로가 아닌 일반 객실로 향한다. 나는 곧장 항의한다. "뭔가 착오가 있나 봅니다. 난 수상 방갈로를 예약했다고요!" 몇 달 전에 예약을 마쳤고 그 증거로 확약 이메일을 들이댄다. 하지만 지금 비어 있는 수상 방갈로는 없으며, 내 휴가가 끝나기까지 모두 만실이다. 직원은 무척 미안해하지만 나의 분노는 하늘을 찌른다. "말도 안 돼! 이럴 순 없어! 절대 용납 못해!" 이 휴가를 위해 몇 달이나 돈을 모았다. 당연히 누릴 자격이 있고 정당하게 얻은 것을 호텔 측에서 빼앗아갔다. 일부러 나를 골탕먹이려는 것만 같다.

내게는 선택권이 있다. 강박의 나락으로 빠져들어 당장 집에 돌아와 변호사를 고용해 호텔을 상대로 소송을 걸 수도 있고, 상식적으로 행동할 수도 있다. 내가 바란 이상적인 상황은 아니지만 수정처럼 맑은 물, 내리쬐는 햇볕, 산, 아름다운 농장 풍경은 즐길 수 있다. 마음을 조금 가라앉히고 객실을 둘러보니 생각보다 나쁘지 않고, 전용 바다가 딸려 있진 않지만 멋진 풍경이 보인다. 이 상황을 수용할 방법을 찾는다면 타히티 섬에서 보내는 귀중한 시간을 즐길 수 있다.

인생은 한 번뿐이고 시간은 한정되어 있다. 자기비판적 사고, 타인을 향한 분노, 내가 통제할 수 없는 일을 개선하겠다는 강박적 노력에만 매달리면 삶의 다른 건전한 측면과 이 순간의 즐거움을 놓쳐버린다.

루나는 건강 때문에 더는 이전처럼 일할 수 없다는 사실을 수용해야 했다. 오랫동안 현실에 맞섰지만 돌아오는 것은 슬픔뿐이었다. 자신에 대한 기대를 조절하지 않으면 병이 악화되리라는 사실을 받아들였다. 그러자 다른 선택지가 눈에 들어왔다. 루나는 드디어 일을 줄였고 아끼는 사람들과 더 많은 시간을 보냈으며 충분히 쉬고 더 강인해졌다. 시간이 흐르면서 그녀는 몇 년 만에 처음으로 현재에 집중하고 허둥대지 않으며 생동감 넘치는 자신을 만났다.

수용은 나를 괴롭히는 상황을 좋아하거나 즐겨야 한다는 뜻이 아니다. 실패하고 포기하며 굴복한다는 의미도 아니다. 단지 어떤 문제는 우리 힘으로 고치거나 제어할 수 없으며, 거기에 집착하면 고통만 커진다는 사실을 깨닫는 것이다.

문제와 나의 한계를 있는 그대로 수용하는 순간, 우리는 그 상황에 대처할 진정한 힘과 선택권을 손에 넣는다. 다른 사례들을 살펴보자.

존은 어머니가 심각한 약물 중독이라는 사실을 수용하고 나서, 도움을 받아야 한다고 어머니를 설득하는 데 이제껏 얼마나 많은 에너지를 쏟아 부었는지 깨달았다. 존은 이제 그 에너지를 자신의 목표와 행복에 투자하기 시작했다.

미아는 남편의 반복되는 외도를 수용하고 나서, 그를 감싸려고 핑계 대기를 그만두고 번아웃에서 벗어났다. 여력이 생기자 그녀는 부부상담과 이혼소송 중 무엇을 택할지 생각할 만한 여유를 얻었다.

주다는 아이에게 학습장애가 있다는 사실을 받아들이면서, 아이가 노력이 부족하고 게으르다며 짜증내지 않게 되었다. 그 결과 둘 사이는 더욱 가까워졌다.

린지는 자신이 모든 것을 완벽하게 해낼 수 없다는 사실을 받아들이면서 자책을 멈추고 더 편안하고 안정된 생활을 하게 되었다.

베스는 목의 통증이 저절로 사라지지 않는다는 사실을 받아들인 뒤 병원을 찾아 수술을 받고 몸 상태가 나아졌다.

상황을 있는 그대로 직시하면, 시간을 낭비하지 않고 긍정적인 결과로 이어지는 선택을 할 수 있다.

| 문제해결 트레이닝 |

수용을 실천하자

수용을 통해 개선할 수 있는 삶의 몇몇 측면에 대해 생각해보자. 브레인포그에 시달리고 있다면 아래 방법이 도움이 된다.

- 내 한계를 받아들이기
- 내가 완벽하지 않다는 사실을 받아들이기
- 도움을 받아들이기
- 내가 삶에 대처하는 방식이 효과가 없다는 것을 받아들이기

무엇을 받아들여야 하는지 생각하고 크게 외쳐보자. "사는 게 다 이렇지, 뭐!" 지금의 현실을 부정하거나 감추려 애쓰지 말고 잠깐이라도 마음을 놓으며 위안이 찾아오는지 살피자. 어쩌면 다른 선택지가 보일 수도 있다.

이제 바꿀 수 없는 상황을 받아들이는 법을 익혔다. 다시 마음챙김으로 돌아가 지금, 여기에 집중하면서 사는 방법에 대해 알아보자.

☁ 마음챙김의 실천

멋진 환경에서 다양한 경험을 하며 산다 해서 모든 순간을 저절로 만끽할 수 있는 것은 아니다. 계절의 변화, 쏟아지는 빛, 푸른 하늘과 나무가 멋지게 어울리는 풍경에 둘러싸여 있어도 아름다움을 다 느끼지 못할 수 있다. 아이를 키우고, 보람찬 일을 하고, 나 자신을 이해하고, 친구와 가족을 사랑하며, 배가 아프도록 웃고, 연인과 친밀해지고, 감사하는 등 삶의 온갖 경험도 그 의미를 채 깨닫기도 전에 지나칠 수 있다.

시간만큼 강력한 힘은 없다. 아이들은 자라고, 아끼던 사람들은 떠나고, 자연은 변하고, 일은 끝나고, 이사를 가고, 신체적 한계가 찾아오고, 남은 날은 줄어든다. 후회가 남고 하루가 더 주어지기를 바란다. 더 많은 돈, 명예, 일이 아니라 누군가과 함께할 시간, 더 감사할 시간, 이 세계를 경이롭게 바라볼 시간을 원한다.

매일 일어나서 지금 이 순간의 경험을 만끽하는 것이야 말로 마음챙김의 근본이다. 고대의 영적 의식에 바탕을 둔 마음챙김은 지금 여기서 일어나는 일을 완전히 인지하도록 마음을 훈련하는 일이다. 마음챙김 훈련은 우울감, 집착, 스트레스를 낮추고 심리적 웰빙과 인간관계의 만족도, 주의 집중력을 높여준다(Davis and Hayes 2011). 학교, 회사, 육아, 질병과 통증에 대처하는 경우 등 다양한 상황에서 마음챙김 훈련을 효과적으로 활용할 수 있다.

마음챙김의 근본은 내 정신이 다른 곳으로 흘러가는 것을 알아차리고 지금 이 순간으로 부드럽게 다시 끌어오는 데 있다. 호흡, 주변의 소리, 몸의 감각, 함께하는 사람의 이야기에 집중하는 등의 간단한 일도 포함된다. 절대 산만해지지 않는 것이 목표가 아니다(그건 애초에 불가능하다). 내 의식을 일깨우고, 마음을 흐트러뜨리는 생각을 인지하고, 그 생각을 놓아보내고 다시 이 순간으로 돌아오는 것이야말로 마음챙김의 목표다.

사랑하는 사람 또는 친구와 어울리거나, 식사하거나, 자연을 만끽하거나, 반려동물과 시간을 보내는 등 즐거운 순간 자체에만 집중하자. 그러한 경험이 머릿속 깊이 새겨지면서 만족감, 감사, 유대감을 느끼게 된다. 이런 경험은 피할 수 없는 난관이 닥칠 때 나를 감싸준다.

삶의 고통스러운 경험을 부정하는 대신 관조하면 고통의 크기가 줄어들고 앞으로 나아가려면 무엇이 필요한지 알 수 있다. 마음챙김을 인간관계에 적용하고 지금 눈앞에 있는 사람 및 나 자신과 진정한 의미에서 함께하면, 관계가 깊어지고 공감과 유대가 쌓인다. 걷고, 이야기하고, 주변의 풍경을 보고 들으며 자연과 하나가 되면 마음에 평화가 깃든다.

마음을 챙긴다는 것은 나 자신과 내 모든 경험을 친근하고 다정하며 흥미롭게 바라본다는 뜻이다. 이제 마음챙김의 구성 요소를 하나씩 살펴보자.

평가하지 않기

사람들은 종종 선택지를 단순화하고 괴로움을 최소한으로 줄이기 위해 평가를 내린다. 옳거나 그르고, 좋거나 나쁘고, 공정하거나 불공정하고, 마음에 들거나 싫다고 규정하는 것이다. 그러나 평가는 마음의 평화를 가져다주기는커녕 오히려 발목을 잡아챈다.

마음챙김을 실천하면 경험을 평가하지 않고 그저 경험 자체로 받아들인다. 경험은 존재할 뿐, 좋은 것도 나쁜 것도 아니다. 마음챙김에 익숙해지면 나도 모르게 경험을 저울질하는 내 모습을 알아차리고 평가를 멈출 수 있다. 그런 생각이 머리를 스치면 부드럽게 '평가하는 생각'이라고 판명한 다음 벗어나자.

공감

마음챙김에서 흔히 보이는 걸림돌은 사람들이 자신의 경험에 접근하는 방식이다. 사람들은 행복할 때는 그 경험이 끝날까 두려워하고 욕심을 부리면서 더 많은 즐거움을 갈망하기 바쁘다. 반면 괴로울 때는 그 경험이 끝나지 않을까 두려워하고 남을 원망하거나 자책하기 바쁘다. 그러나 모든 경험에 부드럽고 건강하게 접근하면 즐거움은 뇌에 각인시키고 괴로움은 줄일 수 있다.

부드럽고 다정하며 포용적인 내면의 목소리를 가꾸면 내면의 자아에게 지금 이 순간에 집중해도 괜찮다고 전할 수 있다. 이를테면 나 자신에게 이렇게 말해줄 수 있다. "나는 너를 잘 알아", "이런 경험을 해도 괜찮아", "이 또한 지나갈 거야."

호기심

호기심을 품으면 경험을 부정하거나 반대로 집착하지 않게 된다. 여기서 내 역할은 호기심을 지닌 관찰자다. 먼 바다의 폭풍우를 지켜보듯 하늘이 변하고, 바람이 거세지고, 파도가 치는 모습을 바라보면 된다. 지금 이 순간 내게 일어나는 일의 면면을 살피자.

| 문제해결 트레이닝 |

매일 마음챙김을 실천하자

마음챙김을 염두에 둔 채 지금 하는 일에 접근해보자. 우선 전화나 메시지에 방해받지 않도록 휴대폰을 치운다. 그런 다음 마음챙김의 요소를 활용해서 긴장을 풀고 지금 이 순간, 그다음 순간, 또 그다음 순간에 빠져든다.

아래 예시를 참고하자.

- **호흡:** 숨을 들이마시고 가슴이 부풀 때는 어떤 느낌이 들까? 숨을 내쉴 때 가슴은 어떤 느낌일까?
- **양치:** 칫솔질의 느낌, 치약의 향, 입을 헹구는 물의 소용돌이를 느끼자.
- **매일의 잔일:** 잔일은 한 번에 하나씩 처리하자. 일의 각 단계를 몸으로 느껴보자.
- **요리:** 다양한 식재료의 향, 채소를 썰 때 느껴지는 질감, 냄비를 뒤적일 때 가스렌지나 오븐에서 끼치는 열기에 집중하자.
- **요가:** 몸의 움직임을 의식하자. 몸 구석구석이 쭉 뻗는 느낌에 주목하자.
- **운동:** 움직일 때마다 몸의 힘을 느끼고 몸의 운동능력에 감사하자.
- **아침에 마시는 커피나 차:** 손에 쥔 찻잔의 온기를 의식하고 향을 들이마시면서 몸이 깨어나는 감각을 느끼자.

- **물 마시기:** 물이 갈증을 누그러뜨리면서 몸으로 들어오는 것을 상상하자. 몸이 제 기능을 발휘할 수 있도록 물이 목을 타고 내려올 때 전해지는 서늘한 감각을 느끼자.
- **샤워:** 물보라, 비누 거품, 개운한 몸의 느낌을 음미하자.
- **먹기:** 입안에서 음식의 질감, 맛, 감각을 느끼기 위해 천천히 씹자.
- **걷기:** 발을 땅에 딛고 떼는 동안 발의 느낌에 집중하자. 한 발짝, 또 한 발짝.
- **운전:** 주변을 파악하고 주의 깊게 운전하는 동안 두 손으로 잡은 운전대의 느낌을 의식하자.
- **육아:** 함께 시간을 보내면서 나 자신과 아이를 평가하지 않고 지금 이 순간의 모습 그대로 받아들이자.
- **친구나 연인과 함께 하는 시간:** 나 자신과 상대를 평가하지 않고 지금 이 순간의 모습 그대로 받아들이자.

매일 하는 일 중 하나를 골라 몇 분간 마음챙김을 의식
하며 실천하자. 그런 다음 위의 트레이닝을 실행하자.

마음챙김을 규칙적으로 실천하면 시간이 흐를수록 차분해
지며 스트레스도 줄어든다.

마음챙김과 뇌

마음챙김을 실천할 때마다 뇌는 차분해지고 웰빙 상태에
가까워지며 집중하게 된다. 여러 문헌과 메타분석에 따르
면 명상을 실천하는 사람은 학습, 기억, 주의, 감정제어와
연관된 영역을 포함, 최소 8개의 뇌영역에서 일반인과 다른
모습을 보인다(Fox et al. 2014).

마음챙김은 스트레스와 두려움을 관장하는 뇌영역인 편
도를 진정시키고 전반적인 기분을 북돋는다. 긴장을 풀면
편도가 차분해지면서 과민반응을 보이지 않게 된다(Kral et

al. 2018). 연구에 따르면 8주간 마음챙김을 실천한 참여자는 기분이 좋아지고 행복해졌으며 기분 및 흥분을 관장하는 뇌 영역도 함께 변화했다(Singleton et al. 2014).

명상을 계속 유지하지 않아도 뇌에 미치는 이로운 영향은 온종일 지속된다. 8주간 마음챙김 훈련을 실천한 참여자를 대상으로 뇌 활동의 기능적 자기공명영상(fMRI)을 촬영한 결과, 감정적 자극을 가해도 편도가 예전만큼 활성화되지 않았다. 참여자가 명상하지 않는 동안에도 반응은 똑같이 감소했다(Desbordes et al. 2012).

마음챙김 명상을 하면 감정제어뿐 아니라 학습 및 기억과 연관된 뇌 영역의 회백질 밀도도 증가했다(Holzel et al. 2011). 보통 나이 들면 기억력과 집중력이 떨어지고 그에 연관된 신경회로도 함께 퇴화하는데, 명상을 실천하는 사람의 경우 변화가 그리 극단적이지 않다는 것을 보여주는 강력한 증거가 있다. 장기간 명상을 실천한 사람들은 그렇지 않은 사람에 비해 나이가 들수록 회백질의 퇴화가 적었다(Luders, Cherbuin, and Kurth 2015). 고령층을 대상으로 하는 연구 결과, 마음챙김은 나이 들면서 약해지는 경향이 있는 일부 뇌 활동을 포함, 여러 뇌 활동 개선에도 도움이 되었다(Isbel et al. 2020).

마음챙김은 뇌의 여러 영역에 폭넓은 영향을 미치며 브레인포그에서 벗어나는 강력한 해결책이다. 멍해지거나 계속 스마트폰을 들여다보거나 바닥도 없는 생각의 나락에 빠질 때면, 마음챙김을 통해 자신을 지금 이 순간으로 돌려놓자. 뇌가 중요치 않은 일을 뒤로하고 진정 의미 있는 일로 돌아오도록 훈련하는 것이다.

| 문제해결 트레이닝 |

마음챙김을 통해 나를 바라보자

진정 기분을 전환하고 새롭게 집중하려면 몇 분가량 시간이 날 때 하던 일을 멈추고 나의 몸과 마음을 느껴보자.

- 호흡을 느끼자.

- 숨을 들이마시며 가슴이 부푸는 것을 느끼자.

- 숨을 내쉬며 가슴이 가라앉는 것을 느끼자.

- 생각이 방황한다면 생각의 초점을 부풀었다가 가라앉는 가슴으로 부드럽게 이끌어오자.

- 몇 분간 호흡에 집중하자.

- 이제 몸 전체를 부드럽게 훑어보자.

- 머리 꼭대기에서 시작해서 발끝까지 내려가자.

- 평가하지 말고 감각을 느끼자. 가벼운 곳, 무거운 곳, 긴장, 압박감, 뻐근한 곳, 편안한 곳, 안절부절못하는 곳, 따뜻한 곳, 차가운 곳······.

- 그 무엇도 바꾸려는 것이 아니다.

- 그저 따뜻하고 수용하는 태도로 나를 의식하자.

- 잠시 몸에서 느껴지는 감각에 집중하자.

- 이제 무엇이든 내가 관찰한 것에 공감하며 나 전체를 자각하자.

- 나와 더불어 앉아 있는 것, 지금 내 몸 안에 나로서 존재하는 것은 어떤 느낌일까?

잠시 쉴 시간이 나면 아무 생각 없이 스마트폰에 손을 뻗어 스트레스를 가중하는 대신 위의 방법대로 긴장을 풀고 스트레스를 누그러뜨리자.

위 트레이닝을 규칙적으로 실천하면 나 자신과 더 친밀해지고 편안한 관계를 쌓을 수 있다. 시간이 흐르면 언제나 들를 수 있는 내 안의 차분한 구심점을 찾게 될 것이다.

7장 총정리

지금까지 며칠, 몇 주, 몇 년간 마음을 챙기지 못하고 살았더라도 이 순간 바로 지금, 여기로 돌아올 수 있다. 마음챙김을 통해 자신과 내 경험에 가까이 다가가고 경험을 있는 그대로 받아들이면 뇌 회로가 바뀌어 한층 차분하고 명료하며 삶에 집중할 수 있다.

이제 우리를 브레인포그에 가두는 또 하나의 요인, 즉 자존감을 살펴볼 차례다. 나 자신을 그대로 받아들이는 한편 성장을 향한 발판을 하나씩 밟아나가면 내면의 평화와 만족감이 찾아올 것이다.

• • •

마음챙김은 지금 이 순간,
즐겁고 고통스러운 모든 경험에 차분하고
따뜻한 태도로 집중하는 것이다.

여덟 번째 처방

내면의 자아와
한 팀 이루기

마음에 날개를 달아주는 긍정의 말

BRAIN
FOG

자신으로부터 도망치면 브레인포그에 갇히게 된다. 남의 눈에 그럴듯해 보이고 실제보다 더 좋은 평가를 받기 위해 헤맨다면 자신을 피한다는 증거다. 어딘지 익숙한 이야기처럼 들린다면 당신은 지금 이중생활을 하고 있는지도 모른다. 친구, 가족, 배우자, 회사 동료의 눈에는 잘 지내는 것처럼 보이지만 마음속 깊은 곳에서는 나의 본질을 둘러싼 심각한 자기회의가 쌓이는 중이다. 이런 이중생활은 안정감을 앗아가고 완벽주의, 우유부단함, 자기불신, 실패와 낙오, 혼자 남겨질 것에 대한 두려움, 혹독한 자기비판을 불러온다.

내 모습 중 마음에 들지 않고 회피하고 싶은 부분을 가리려면 힘이 들고 편안하게 현재에 집중할 수 없다. 자존감 문제를 직시하는 대신 두려워서 도망친다. 바쁘게 시간을 보내고 온갖 일에 파묻혀 번아웃을 겪으면서도, 나 자신과 내가 두려워하는 것을 직시하는 일만큼은 하지 않는다.

낮은 자존감과 브레인포그는 다양한 방식으로 나타난다. 어떤 사람들은 평균 이상으로 노력하고 닥치는 대로 일해서 사람들이 진짜 자신의 모습을 못 보도록 가린다. 그런가 하면 나 자신 또는 남의 기대를 계속 충족시키는 것은 불가능하다는 생각에 멍하니 지내며 최소한의 일만 할 뿐, 상황을 개선하려는 행동은 전혀 하지 않는 경우도 있다. 노력을 쏟아붓다가 멍하게 지내는 양극단을 오가는 사람도 있다.

어떤 유형이든 간에 자존감에 초점을 맞추면 브레인포그의 증상도 개선된다. 지나친 노력을 기울이거나 삶에 무뎌지는 현상은 모두 현재 상태가 힘들며 안정과 삶에 집중하는 데 필요한 요소를 갖추지 못했다는 증거다.

낮은 자존감 문제를 회피하는 대신 내 손을 잡아 주고 따뜻하게 이끌어보자. 자신과의 관계를 가꾸고 실패할 때, 창피할 때, 패배했을 때, 홀로 남을 때조차 내 편이 되어주자. 지금까지 자신을 회피하느라 낭비했던 에너지의 흐름을 긍정적 방향으로 돌리면 정신이 맑아지고 자유로운 길이 눈에 들어올 것이다.

☁ 가면용 자아를 파악하기

자존감이 낮은 사람은 대부분 자신의 본성 중에서 마음에 들지 않거나 수용할 수 없는 부분을 가리기 위한 가면용 자아를 만들어낸다. 이런 가면용 자아는 여러 형태로 나타난다. 가면용 자아가 드러나는 사례를 살펴보자.

업무 강박

션은 회사에서 잘나가는 사람이었다. 팀원들을 격려하고 친구와 가족에게도 큰 힘이 되어주면서 '무엇에도 지지 않는 사람'이라는 평판을 얻었다. 남들 앞에서 션은 놀라울 만큼 생산적이고 활기찬 사람이었고, 슈퍼스타처럼 선망의 눈길을 받았다. 그러나 사생활을 들여다보면 현실은 정반대였다. 마침내 집에 돌아가 혼자만의 시간을 갖게 되면 션은 완전히 무너졌다. 불행했고 목표도 없었으며 자기회의에 시달렸다. 내면의 비판적인 목소리가 그날 저지른 실수에 대해 계속 이야기했기 때문에 혼자 있는 시간을 극도로 싫어했다. 자신을 마주하지 않으려고 최대한 오랫동안 일하거나 남들과 시간을 보냈다. 충분히 지치면 나중에 자신을 비난할 힘이 남지 않으리라는 생각에서였다.

완벽주의

지아는 어려서부터 어디에도 발붙일 곳이 없다고 느꼈다. 초등학생일 때 부모를 따라 미국으로 이민 왔지만 또래와 어울리지 못했다. 게다가 중학생일 때는 과체중으로 자주 따돌림을 당했다. 체중 때문이든 문화적 배경 때문이든, 지아는 자신이 좋지 않은 방향으로 사람들의 눈에 띈다고 믿게 되었다. 어른이 된 뒤로는 완벽주의를 추구해서 어린 시절의 트라우마를 묻어버리려 했다. 단점을 드러내지 않으면 주변 사람에게 상처받을 일도 없다고 생각한 것이다. 멋진 몸매를 유지하고 엄격한 식단 외의 음식은 먹지 않았으며 직장에서도 계속 동료보다 높은 성과를 올렸다. 그러다 보니 너무 지쳤고 몸도 마음도 편하지 않았다. 그래도 자신의 부족한 모습이 들킬지 모른다는 공포 때문에 완벽주의를 포기할 수는 없었다.

우유부단

호르헤는 항상 예민해 있었고 잠시도 안심하거나 안정을 찾지 못했다. 혹여 실수를 저지를까 두려워 결정을 내리지 못하고 언제나 답보 상태에 머물렀다. 사소하든 중요하든, 무언가 결정해야 할 때마다 그저 가만히 있었다. '올바른' 또는 '최선의' 방법을 찾느라 머릿속으로 몇 번이고 되풀이해서 생각했다. 결정을 내리고 나면 다른 선택지를 놓칠까봐 두려웠다. 결국 결정장애가 찾아와 어느 방향으로도 나아가지 못한 채 같은 자리를 맴돌게 되었다. 호르헤는 자신을 믿지 못했기에 결정 내리기를 두려워했다. 지금 내린 결정을 나중에 후회하더라도 방향을 바꾸고 상황을 추슬러 행복하게 지내면 된다는 것을 믿지 못했다.

자기비판

아름답고 머리도 좋으며 생기 넘치는 20대 초반의 헬레나는 자신의 모든 행동을 철저히 관리했다. 친구들과 해변 파티에 가면 겉으로는 즐거운 척했지만 머릿속으로는 수영복 차림이 어떻게 보일지 생각하느라 바빴다. 군살이 드러나면 어쩌지, 말수가 너무 적은 건 아닐까, 재밌는 농담을 하고 있나, 사회 이슈에는 어떤 의견을 내야 할까, 친구들에게 계속 인기 있으려면 어떻게 해야 하나……. 인간관계에 신경을 많이 쓴 덕에 주변 사람들은 헬레나에게 푹 빠져 그녀와 함께 어울리고 싶어 했다. 하지만 헬레나는 절대 긴장을 풀거나 자기답게 행동하지 못했다. 친구, 연인, 수많은 지인이 있었지만 언제나 외로웠고 아무도 자기를 몰라주는 것 같았다. 그러면서도 지금처럼 자신을 철저히 관리하지 않으면 돋보이지도, 특별하지도 않은 보통 사람이 될까 두려웠다.

남의 기분 맞추기

리아는 부모의 사랑과 애정을 받으려면 완벽하게 부모의 기분을 맞춰야 한다는 사실을 어린 나이에 깨달았다. 문제를 일으키거나 기분을 거스르면 리아의 부모는 애정과 관심을 거두어갔다. 시간이 흐르면서 리아는 부모의 마음에 드는 거짓 자아를 만들어냈고 서른 즈음에는 남의 기분을 맞추는 데 온 힘을 다했다. 나보다 남을 우선하지 않으면 아무도 주변에 남지 않는다고 믿었다. 남의 요구를 들어주는 데 너무 많은 에너지를 쏟은 나머지 진정한 자신은 어떤 사람인지, 좋아하는 것, 원하는 것, 필요한 것, 괴로운 일이 무엇인지 전혀 파악하지 못했다. 무엇이 문제인지는 알았지만 새로운 길을 찾자니 사랑도, 관심도 받지 못하고 홀로 남겨질까 두려웠다.

리아는 많은 사람들이 그렇듯 진정한 자아를 바라보거나 그 자아를 남에게 드러내지 않기 위해 가면용 자아를 만들어냈다. 스스로 받아들일 수 없다고 여겨지는 나의 일부를 회피하기 위해 어떻게 행동하는지 생각해보자. 나의 가면용 자아가 삶에 집중하며 내적으로 안정되고 명료해지는 데 필요한 에너지를 앗아가진 않는지 살펴보자.

자기공감을 시도하자

잠깐 가면용 자아 아래의 자신을 떠올려보자. 가면용 자아를 던져버리면 어떤 내 모습이 남의 눈에 드러날까? 남들이 볼까 두려운 부분은 무엇일까? 솔직하게 생각해보자.

- 실패에 대한 두려움

- 가짜, 사기꾼으로 보일까 두려움

- 평범하고 그저 그런 사람으로 보일까 두려움

- 무존재감에 대한 두려움

- 사랑받지 못할까 두려움

- 남들이 나를 떠날까 두려움

- 내면에서 나를 비난하는 목소리에 대한 두려움

- 실수에 대한 두려움

- 외로움에 대한 두려움

- 나를 믿어도 될지 두려움

두려움을 겉으로 드러내면 몸이 어떻게 달라지는지 느껴보자. 긴장되고 안절부절못하는가? 심장이 두근거리는가? 그 느낌에서 벗어나고 싶은가? 그렇다면 따뜻하고 애정이 넘치며 내게 공감하는 빛이 내 머리로 들어와서 발끝까지 밝게 비춘다고 상상하자. 빛이 안전한 느낌과 행복감으로 내 몸을 가득 채워줄 것이다.

사람은 누구나 자신의 부정적인 면과 씨름한다는 사실을 잊지 말자. 스스로 마음에 들지 않는 부분이 있다 해서 나의 가치가 없어지거나 떨어지는 것은 절대 아니다. 공감하는 마음으로 자신을 받아들이기 위한 따뜻하고 애정 어린 말을 되뇌어보자. 큰 소리로 말해도 좋고 머릿속으로 생각해도 좋다.

"나는 너의 모든 것을 받아들일 거야. 지금 이 순간, 이 모습 그대로."

"지금처럼 당황하고 두려워하는 네 모습도 사랑해."

"나는 너를 속속들이 알고, 또 사랑해."

지금까지 두려움에서 벗어나기 위해 얼마나 애썼는지 돌아보고, 그 결과 오히려 더 지치고 고립되었다는 사실을 인지하자.

"이해해. 다른 방법을 몰랐던 거지."
"이제 내가 여기 있어 줄게."
"너는 지금 이 순간, 이 모습 그대로도 충분해."

숨을 들이마시고 내쉬자. 나에 대한 두려움을 충분히 오랫동안 느끼자. 자신에게 느끼는 걱정이나 혐오를 공감하는 마음으로 받아들이자. 나 자신의 고통을 직시하고, 동시에 부드럽고 따스하게 내가 나의 편이라고 말해 주자.

처음에는 두려움을 직시하기가 쉽지 않겠지만 위의 훈련을 계속하면 두려움은 힘을 잃기 시작할 것이다.

☁ 자존감과 뇌

유전자, 환경적 경험, 기질…… 이 모두는 상호작용을 통해 뇌의 지속적인 청사진을 만들어낸다. 우리의 시냅스가 상호작용하는 방식은 지금까지 형성된 자기 이미지를 반영한다. 즉, 지금까지 살면서 내가 얼마나 훌륭하고 유능하며 사랑스러운 사람이라 믿게 되었는지 보여주는 것이다.

부정적 자기 이미지는 어린 시절부터 형성된다. 자신이 남들과 다르며 고립되었다는 느낌을 주는 어린 시기의 스트레스, 트라우마, 가족관계, 힘든 사건 등이 원인이다. 양육자, 교사, 코치가 과정보다 결과를 강조해도 아이들의 자존감에 상처를 줄 수 있다. 이를테면 자신을 돌보는 방식, 행복을 주는 것, 혼자서도 즐거운 시간을 보내는 방법을 알아가는 과정 대신 성적, 직장, 인간관계 등에서의 성공적 결과를 강조하는 식이다. 그런가 하면 성인이 된 뒤 실망스러운 일을 잇달아 겪으면서 자존감이 낮아지기도 한다.

만성적으로 자기 자신을 부정적으로 생각하면 부정적 자기 이미지가 뇌에 각인된다. 자신이 약하다고 느끼고 난관에 부딪치고 혼자라고 생각할 때마다, 뇌는 부정적 자아상을 끄집어내어 전에 그랬듯 뼈아픈 생각의 행진을 시작한다.

뇌는 '부정적 편향'을 갖고 있다. 부정적 편향은 긍정적 경험보다 부정적 경험을 더 잘 기억하고 머릿속으로 반복 재생하는 특성이다. 훌륭한 성과를 내고 자존감이 올라간 날 갑자기 작고 부정적인 사건이 하나 일어나면 뇌는 그 일에 집착해서 긍정적인 성과를 깡그리 잊어버린다. 이런 경향은 생존 메커니즘의 일환이다. 부정적 경험에 초점을 맞추어야만 초원에 있는 거대한 맹수 같은 위협을 예측하고 자신을 보호할 수 있기 때문이다. 그러나 부정적 자기 이미지를 계속 상기하면 현실과는 동떨어진 부정적 자아상에 자신을 가둬버린다.

내가 부족하다는 생각이 습관으로 굳어지면 약간의 자극만 받아도 뇌의 뉴런이 부정적인 이야기를 떠올리거나 패배감을 느끼게 된다. 뉴런 네트워크가 익숙한 패턴의 자기 회의와 자기비판을 개시한다. 새로운 부정적 생각이 과거의 부정적 생각을 떠오르게 만들며 악순환이 반복되는 것이다.

뇌의 부정적 회로가 그대로 유지되는 이유는 우리가 자기가치에 대한 부정적 이야기를 반복해서 되뇌기 때문이다. 상황을 다르게 볼 기회를 주지 않으면 뇌는 같은 곳에 못박혀 있게 된다. 뇌는 새로운 일을 반복적으로 해야만 그에 적응하여 변화한다.

자존감이 낮아지는 과정은 자존감을 올리기 위해 밟아야 하는 과정과 같다. 건강한 방식으로 나 자신을 대하고 긍정적 이야기를 들려주면 새로운 뉴런 패턴이 만들어진다. 내가 유능하다는 느낌을 주는 새로운 삶의 경험에 노출될 때마다 뇌의 회로는 변한다. 자기공감을 실천하고 새로운 행동을 할수록 뇌는 전보다 쉽게 나에 대한 긍정적 감정을 떠올린다.

패배하고 좌절할 때마다 따뜻하고 다정한 태도로 나를 대하자. 그런 다음 자신에 대한 부정적 고정관념을 뒤집을 새로운 활동을 시작하자.

 ## 내면의 회초리에 맞서라

나를 비판하는 내면의 목소리를 마주하기 전에 잠깐 생각
해보자. 누군가 내게 사랑스러운 어린아이를 맡겼다면 나
는 그 아이를 어떻게 대할까? 아이가 친구나 학업 때문에
힘들어 할 때마다 아이가 과거에 겪었던 좌절을 모두 상기
시켜줄까?("너는 항상 이런 식이야! 또 망치다니 어이가 없군!") 시
무룩해진 아이에게 소리를 지르고 창피를 줄까?("넌 왜 그렇
게 징징거리는 거야? 그만 좀 해!") 아이의 능력이 부족하다고 말
할까?("보나마나 그것도 실패할 걸. 해볼 필요도 없어.") 남을 만족
시키지 못하고 완벽하지 않으면 아무도 널 사랑하지도, 함
께 어울리지도 않을 거라고 말하겠는가? 혼자 캄캄한 방에
들어앉아 불량식품을 먹으며 네 인생이 얼마나 한심한지
생각하라고 윽박지르겠는가? 창피스러울 뿐 아무도 마음써
주지 않을 테니 무엇 때문에 속상한지 남에게 이야기하지
말라고 가로막겠는가?

아마도 "무슨 소리! 난 절대 남을 그렇게 대하지 않아"
라고 생각할 것이다. 이제 당신이 자신에게 어떻게 말하는

지 생각해보라. 내 경험과 나를 둘러싼 모든 것에 대해 의견을 내고 분석하며 평가하는 내면의 목소리는 어떻게 말하고 있을까?

누구나 내면의 목소리를 가지고 있다. 내면의 목소리는 공기처럼 항상 그 자리에 있다. 내면의 목소리는 나를 높이 날게 만들 수도, 절름발이 신세로 전락시킬 수도 있다. 내면의 목소리가 비판을 일삼고 창피를 주며 혹독한 어조로 꾸짖는다면 스스로 무덤을 파는 결과를 낳는다.

가끔 내담자에게 좌절이나 난관, 힘겨운 감정에 대해 머릿속에서 맴도는 생각을 소리 내어 말해보라고 권한다. 그러면 다들 자신에게 얼마나 심하게 말하는지 깨닫고 충격을 받는다. 너무나 오랫동안 반복되는 부정적 목소리와 함께 살아온 탓에, 그런 말이 얼마나 자신의 발목을 잡는지도 몰랐던 것이다.

나는 나의 가장 든든한 지원군이어야 한다. 내가 내 편이 되어주지 않는다면 브레인포그를 포함한 어떤 문제에서도 벗어나기 어렵다. 이 책의 트레이닝이 효과가 있을 거라 생각하다가도 내면의 목소리가 반박하면("이게 다 무슨 소용이람", "이런 건 안 통할걸", "난 절대 제대로 살 수 없어", "난 고칠 데가 너무 많다고.") 성장 의지를 상실한다.

　나 자신이나 처한 상황이 마음에 들지 않더라도 무조건 나를 사랑하고 아끼는 따스하고 수용적인 목소리를 형성하면 부정적인 상황을 바꿀 수 있다. 내면 깊은 곳의 자아에게 힘을 실어주는 법을 알아보자.

| 문제해결 트레이닝 |

내면의 목소리를 바꾸자

부모, 스승, 친구, 조부모, 형제자매, 심리치료사, 연인 등 당신을 진정 아끼는 누군가를 상상해보자. 당신이 힘들 때 그들이 해줄 법한 이야기를 떠올린 다음, 그 말을 스스로에게 해주자.

또는 어린 시절 나 자신이 최악이라고 느꼈던 시기를 기억해보자. 소외되거나 부족하다고 느꼈던 감정이 기억나는가? 이제 자신, 또는 나를 아끼는 누군가가 그때의 내게 해주었더라면 좋았을 말을 생각해보자. 내면 깊은 곳에서 내가 기대고 싶었던 말, 어려움을 이겨내도록 돕는 동시에 나의 자존감을 올려줄 말, 이제 바로 그 말을 스스로에게 해주자.

내면의 자아와 한 팀이 될 수 있도록 아래의 이야기를 나 자신에게 들려주자.

너는 지금 모습 이대로 멋진 사람이야.

너 자체로 충분해.

우리는 함께 이 문제를 해결할 거야.

난관에 부딪혔을 때도 너는 가치 있는 사람이야.

너만 그런 건 아니야. 다른 사람들도 지금 너와 같은 감정을 느낀 적이 있어.

너를 사랑해.

나는 언제나 여기 머물면서 네가 길을 찾는 것을 도울 거야.

완벽한 건 따분해. 네 모습을 그대로 드러내면 모든 게 다

잘될 거야.

누구나 어렵고 힘든 때가 있어. 너만의 문제가 아니야.

너는 세상의 모든 아름다움을 누릴 자격이 있어.

너의 가치는 사람들의 생각보다 훨씬 커.

너는 지금 겪는 문제를 바탕삼아 더 성장할 수 있어.

나는 네 별난 면도 모두 사랑해. 그런 면 덕분에 네가 더 흥미롭게 느껴지거든.

너는 혼자가 아니야.

너는 네 생각보다 강해.

사람은 누구나 온갖 문제와 씨름하는 법이야.

지금 네 감정에 대해 누군가와 이야기해봐. 그러면 기분이 나아질 거야.

이 문제에 대해 도움을 청하는 게 좋겠어. 너 혼자서 대처하기에는 너무 큰일이야.

부정적 목소리가 들려올 때마다 더 부드럽고 다정한 어조와 말을 떠올리자. 부정적 목소리를 인지하고 간단한 말을 한 마디 해주기만 해도 자신에게 공감하는 새로운 길을 열

수 있다. 예시를 참고해서 실천하다 보면 위안과 지지가 되는 말들이 자연스럽게 떠오를 것이다.

☁ 새로운 경험

자존감은 스스로 들려주는 이야기뿐 아니라 매일의 행동에 따라서도 달라진다. 항상 틀에 박혀 같은 경험을 하는 것은 자기 가치를 깎아내릴 근거가 되기 쉽다. 내 경험이 바뀌지 않는 이유는 매번 같은 행동을 하고 같은 유형의 사람들과 어울리기 때문이다. 따라서 자신을 그대로 받아들이는 동시에 나를 성장시켜줄 경험을 쌓아야 한다. 그러려면 우선 내가 바꾸고 싶은 부분과 자존감을 높이기 위한 일들의 목록을 만들자. 도움이 될 만한 예시를 소개한다.

- **업무 강박을 줄이자:** 일주일에 하루, 저녁이나 오후에 혼자만의 시간을 갖고 즐겁게 지낼 방법을 찾자. 일기를 쓰거나 맛있는 걸 먹거나 텔레비전을 보거나 자

신과의 데이트도 좋다. 무엇을 하든 나와 건강하게 함께하는 법을 익히자.

- **완벽주의에서 탈출하자:** 남들 사이에서 돋보이거나 잘하거나 칭찬을 받으려는 목표 없이 나의 즐거움만을 위한 새로운 일을 시도하자.

- **남의 기분을 맞추려는 생각을 버리자:** 남이 나를 어떻게 생각하는지 개의치 말고 나의 큰 목표와 욕구, 내가 필요한 것에 대해 생각해볼 여유를 마련하자. 남을 위해 나를 희생하려는 강박적 충동에 맞서 스스로에게 묻자. "지금 내게 필요한 건 뭘까?"

- **업무의 쳇바퀴를 벗어나자:** 관리자나 멘토, 직업코치와 함께 어떻게 하면 직장생활에 활기를 더할 수 있을지 상담해보자. 새로운 직장으로 옮기거나 업무능력을 높이는 데 도움이 되는 학위나 자격증 과정을 시작하는 것도 고려해보자.

- **무력감에 대처하자:** 무력감과 패배감이 든다면 새로운 활동을 시작해보자. 아이들이 다니는 학교나 지역단체에서 자원봉사를 하거나, 집을 직접 꾸미고 붙박

이장을 정리해서 방의 공간을 확보하는 것도 한 방법이다. 내게 의미 있는 사회문제를 해결하기 위한 단체를 결성해도 좋다.

- **인간관계의 쳇바퀴를 벗어나자:** 사교모임, 운동모임, 독서모임 등 지금까지와는 다른 유형의 사람을 만날 수 있는 모임에 참석하자. 새로 만나는 사람들은 지금까지와는 다른 관점에서 나를 바라볼 테고, 나도 자신을 새로운 시각으로 보게 될 것이다. 새 친구를 만드는 것은 자존감을 높이는 데 큰 영향을 준다.

- **우유부단함을 물리치자:** 정원 가꾸기, 반려동물 기르기, 운동루틴 만들기, 친구 사귀기, 자원봉사 등 나만 아는 작은 일을 시작해보자. 남에게 알릴 필요는 없다. 내키지 않을 때도 꾸준히 실천하자.

- **자기비판을 줄이자:** 나만의 안전지대에서 벗어나 무언가 새로운 것을 시도하자. 과거 남들이 어떻게 생각할지 몰라 회피했던 일을 골라 하면 된다.

- **애인 또는 배우자와의 관계에 노력을 기울이자:** 상담을 받거나 친밀감 또는 소통방식 개선에 대한 자기

계발서를 읽자. 내게 짐이 되고 자존감을 바닥까지 떨어뜨리는 관계라면, 어떻게 끝낼 수 있을지 생각해 보자.

8장 총정리

하루 24시간, 1년 365일 자신이 완벽하다고 느끼는 사람은 없다. 우리가 할 수 있는 최선은 깊은 내면의 자아가 쉴 수 있는 안전하고 편안한 공간을 마련하는 것이다. 그러려면 나 자신을 그대로 받아들이는 한편, 노력과 새로운 경험을 통해 해묵은 부정적 자기 이미지를 바꿔야 한다.

자신과 공감하는 법을 배우는 동안 삶에 즐거움과 유쾌함이 부족하다는 사실을 깨닫게 될지도 모른다. 다음 9장에서는 마음이 이끄는 대로 즐거움을 누리는 방법에 대해 알아보자.

아홉 번째 처방

방전된 뇌
재충전하기

몰입을 되찾는 즐거움의 시간

BRAIN
FOG

내담자가 즐거움과 여가보다 일과 커리어를 우선시하는 경우를 자주 접한다. 남보다 앞서나가서 젊을 때 바짝 벌어 이른 나이에 은퇴하려고 마음먹은 사람("그러고 나면 드디어 쉬면서 즐거운 시간을 보낼 수 있겠죠."), 막내가 대학에 갈 때까지 삶의 즐거움을 누릴 생각은 잠시 미뤄두는 사람("그러고 나면 취미 도예교실에 다닐 여유가 생기지 않겠어요?"), 언젠가 찾아올 휴가를 생각하며 끝없이 일하는 사람("음, 1월쯤에는 숨 좀 돌릴 수 있겠네요."). 당신도 여기에 해당하진 않는가?

그러나 일과 즐거운 시간을 무 자르듯 양분할 수는 없다. 일상에서 쉬거나 즐길 수 없는 사람이 휴가라고 해서 완전히 긴장을 풀기는 어렵다. 오히려 회사에 있을 때처럼 계속 흥분된 상태로 휴가를 낭비할 가능성이 크다. "바닷물이 너무 찬 거 아냐? 직원은 또 어디 간 거지?!" 한편 오랫동안 회사가 인생에서 너무 많은 부분을 차지한 탓에 퇴직하고 나면 정작 내가 어떤 사람인지 잘 몰라 행복한 삶을 일구지 못하기도 한다. 바라 마지않던 퇴직을 한 뒤 '회사에 안 가니 도무지 뭘 해야 할지 모르겠네'라고 생각하는 것이다. 아이들이 마침내 둥지를 떠나고 부부 둘만 남았는데 상대가 어떤 사람이고 무엇을 좋아하는지 전혀 모를 수도 있다.

일과 여가를 구분 지어 생각할 때 발생하는 또 다른 문제점은 휴가, 퇴직, 자녀의 독립이 오기 전까지는 기운 없고 무딘 상태로 나날을 보내야 한다는 것이다. 왠지 삶의 목적을 잃어버린 것 같다는 불편한 느낌이 들 수 있다. 항상 전력을 다해 일을 처리하다 보면 일상적인 스트레스에 대처할 방법을 잊어버린다.

즐길 시간을 내지 않으면 결국 일이 권태로워지고 의욕이 떨어지며 무딘 삶에 불만을 품게 된다. 반쯤 기계적으로 일을 처리하며 매일을 보내고, 언젠가는 황금 단지가 있는 무지개 끝에 가닿으리라는 환상만 품는다. 그러다 보면 일만 하고 즐거움은 없는 나날이 몇 년이고 이어진다. 그러나 지금 즐길 수 있는 시간을 마련하면 현재와 미래를 모두 의미 있게 지낼 수 있다. 창의력을 발휘하고 즐겁게 지낼 여유를 내면 심리적 웰빙 상태를 유지하고 인간관계에서 친밀감을 다질 수 있다. 이는 행복감과 뇌기능 강화로 이어져서 말 그대로 살맛 나는 삶을 살게 해준다.

☁ 진정한 놀기의 가치

요즘 사람들은 온갖 일을 처리한 대가로 멍하니 스마트폰을 쳐다볼 시간을 얻거나 저녁에 와인 한 잔 마시는 일이 보상이라고 생각한다. 정말이지 어리석은 생각이다. 스마트폰, 태블릿, 컴퓨터, 게임은 손쉽게 접할 수 있지만 의미도 새로움도 없고 피로를 유발한다. 조금이나마 기분전환이 되는 대신 스크린 피로가 찾아온다(스크린 피로는 과도한 TV시청, 폭식, 과음, 약물과 마찬가지로 삶을 흐리멍덩하게 만들고 집중력을 떨어뜨린다). 그렇게 '쉬고 나서' 다시 일을 시작할라치면 피곤하고 산만해져서 목표를 달성하는 데 더 오랜 시간이 걸린다.

안타깝게도 요즘은 이렇게 멍하니 시간을 보내는 모습을 흔히 볼 수 있다. 즐거움과 기쁨을 누릴 건강한 출구가 마땅치 않으면 스마트폰이나 게임 같은 자멸적 수단에 손을 뻗게 되기 때문이다. 최근 들어 진정한 의미에서 즐거웠던 경험이 언제였는지 생각해보자.

| 문제해결 트레이닝 |

어린 시절의 나를 떠올리자

어떤 일을 할 때 마음이 가볍고 즐거워지는지 알고 싶다면 잠깐 어린 시절의 나를 떠올려보자. 어렸을 때 나는 무엇을 하는 것을 좋아했던가? 바깥에 나가고, 동물들과 어울리고, 미술작품을 만들고, 마음껏 놀고, 상상력을 펼치고…… 어린 시절 놀이시간에 어떤 기분이었는지 기억을 되살려보자.

어른이 되고 나서 이런 감정을 마지막으로 느낀 것은 언제였을까? 요즘 일상에서 그때와 비슷한 감정을 느낄 수 있는 일은 무엇일까? 마음이 가벼워지고 즐거움과 기쁨을 만끽할 수 있는 시나리오를 상상해보자.

놀이와 만들기가 아이들에게 얼마나 큰 즐거움을 주는지는 쉽게 알 수 있다. 불만에 가득한 아이와 함께 놀거나 무언가를 만들거나 그림을 그리면 마법을 목격한다. 방금 전까지도 불퉁거리던 아이가 다시 행복해하고 하루를 긍정적으로 받아들이며 기운을 내고 관계도 더욱 친밀해진다. 아이에게 해당되는 법칙은 어른에게도 적용된다. 고작 몇 분 동안 웃거나 실없는 짓을 하기만 해도 우리는 감정적 중심을 되찾고 희망에 차며 더 긍정적으로 바뀐다.

유쾌함, 기쁨, 창의성은 삶의 즐거움, 심리적 웰빙, 회복탄력성, 스트레스를 유발하는 인생사에 대처하는 역량을 키워준다. 어른이 된 뒤에도 잘 놀면 심신의 웰빙과 즐거운 활동을 추구하고 활발하게 생활하며 삶의 만족도가 높아진다(Proyer 2013). 유쾌하게 살면 스트레스를 유발하는 일도 넓은 관점에서 바라보고 삶의 부침에 대처할 수 있다.

잘 노는 어른은 남보다 스트레스 수준이 낮고 유동적이며 긍정적인 대처방식을 생각해낼 가능성이 크다. 잘 놀지 못하는 성인은 스트레스의 원인을 자신에게서 찾거나 상황을 개선하기 위한 행동을 하지 않는 반면, 잘 노는 성인은 스트레스에 직접적으로 대처하는 경우가 많다(Magnuson and Barnett 2013).

회복탄력성이 강한 사람은 긍정적 감정을 자연스럽게 활용해서 스트레스 반응을 관리하고 기분을 북돋는다. 어떤 일에 대한 기대감을 갖는 것만으로도 기분전환이 된다는 연구결과도 이와 일맥상통한다. 골치 아픈 하루를 앞두고 있더라도 일과가 끝나고 즐거운 계획이 있다면 눈앞의 상황에 더 잘 대처하고 스트레스를 덜 느끼는 것이다. 나중에 즐거운 일을 할 거라는 기대감은 몸의 스트레스 반응을 눈에 띄게 줄여준다.

기쁨과 즐거움은 가장 깊은 내면의 자아에게 에너지와 생명력을 불어넣는다. 만족감을 얻을 수단이 있으면 삶은 더 생동감 넘치고 흥미로워진다. 창의성, 즐거움, 유쾌함을 즐기지 못하면 따분한 사람이 되지만, 삶에 기쁨과 놀이를

짜 넣으면 함께 있을 때 즐겁고 편안한 사람으로 거듭난다.

☁ 삶의 초점과 행복

심리학자 피터 그레이(Peter Gray)는 TED 강연 〈놀이의 쇠락〉에서 포유류 동물은 모두 어릴 때 놀이를 통해 성장기 이후의 생활을 연습한다고 설명했다. 놀이는 몸을 제어하고, 감정적 반응을 조절하고, 협동하는 법을 비롯한 여러 사회적 기술을 배우는 수단이라는 말이다. 성장기의 포유류 동물을 놀지 못하게 하면 성장한 뒤 다른 개체의 사회적 신호를 제대로 처리하지 못하고 자신의 두려움 반응을 제어하는 데 어려움을 겪는 등, 놀면서 자란 개체와 눈에 띄게 다른 모습을 보인다.

다른 포유류와 마찬가지로 사람에게도 어린 시절의 놀이는 두뇌 발달, 뉴런 연결, 성인기에 필요한 감정적, 인지적, 사회적 스킬 계발에 꼭 필요하다. 놀이의 필요성과 뇌의 크기는 상호연관되어 있어서, 인간 어린이는 다른 어떤 포유

류보다 많이 논다(Gray 2014). 아이들은 어려서부터 자연스럽게 놀고, 놀이를 통해 주변 환경을 배운다.

놀이가 건강한 뇌기능 유지에 미치는 긍정적 효과는 아동기에 국한되지 않는다. 연구에 따르면 숫자놀이나 십자말풀이 등 인지 자극을 주는 여가활동을 하면 인지 저하를 막거나 늦추고 치매 위험을 줄일 수 있다(Litwin, Schwartz, and Damri 2017; Yates et al. 2016). 또한 놀이와 여가활동은 스트레스를 덜어주고 행복감을 높이는 엔돌핀 같은 행복 호르몬을 분비한다. 그저 웃기만 해도 뇌 내의 화학물질이 변하면서 불안이 줄고 통증과 스트레스에 대한 저항성이 높아지기도 한다(Manninen et al. 2017; Louie, Brook, and Frates 2016).

놀기, 만들기, 실없는 행동 하기, 웃기…… 모두 어른다운 근엄한 모습에서 잠시 벗어나는 방법이다. SNS에서 우스운 이미지 몇 개를 보기만 해도 긍정적 감정을 느끼고 스트레스가 줄어들며 난관을 해결할 자신감이 붙는다(Myrick, Nabi, and Eng 2021).

누구나 지금까지 살면서 힘들었던 일이 있다. 어려운 문제를 해결하려고 고심하거나, 하기 싫은 일을 회피하거나, 일이 많아서 탈진한 경험 등. 그러다 무언가 우습거나 실없는 일이 벌어져 동료나 친구와 킥킥대고 나서 다시 일을 시작하면 놀랍게도 눈앞의 과제가 전처럼 어렵게 느껴지지 않는다. 갑자기 새로운 가능성이 보이고 문제를 해결하며 명료하게 집중할 수 있다.

눈앞의 과제에서 잠깐 벗어나 지금 이 순간의 별난 생각과 즐거움을 만끽하면 뇌가 재정비된다. 하버드 연구진이 '행복 추적' 앱을 통해 참여자의 행복을 추적한 연구는 그 사실을 뒷받침한다. 이 앱은 하루에 몇 번 알림을 보내서 그 순간 얼마나 행복한지, 무엇을 하고 있었는지, 집중했는지 아니면 산만했는지 기록하게 한다. 연구진은 참가자가 눈앞의 일이 아닌 다른 것에 대해 생각하느라 하루의 47퍼센트를 낭비한다는 것을 밝혀냈다. 무엇보다도 이런 '정신적 방황'을 통해 참여자의 행복도를 예측할 수 있었다 (Killingsworth and Gilbert 2010). 참여자는 어떤 활동을 하든 간에 다른 생각을 하지 않고 눈앞의 일에 집중할 때 더 행복감을 느꼈다. 당연한 말이지만 즐거운 일을 할 때 더 쉽게 집중했다. 참여자들 중 가장 행복도가 높았던 사람은 앱의 알림이 울린 순간 섹스 중이었다는 것만 봐도 알 수 있다.

현재에 집중하면 행복하다. 이런 현상은 '몰입'이라는 개념을 통해서도 볼 수 있다. 몰입은 완전히 현재에 집중하며 생생하게 어떤 과제에 몰두하고 있는 상태를 가리킨다(Gold and Ciorciari 2020). 몰입 상태에서는 자신을 의식하지 않고 주의력, 감정, 초점이 긴밀하게 연결된다. 사람들은 음악, 운동, 섹스, 종교, 미술을 포함한 창작 활동 등의 다양한 활동을 통해 자기도 모르는 사이에 몰입 상태에 들어간다.

물론 섹스를 비롯한 몇몇 활동을 하루종일 할 수는 없지만(!) 이 연구는 우리가 즐기는 일을 하면 뇌의 부정편향 (8장에서 다루었듯 긍정적 경험보다는 부정적 경험을 더 잘 기억하고 재생하는 뇌의 특성)을 극복할 수 있다는 사실을 일깨워준다. 현재에 집중하고 초점을 찾으면 과거에 일어난 일을 반복해서 생각하거나 미래를 걱정하지 않는다.

일상에 기쁨과 즐거움의 순간을 끼워 넣고, 내 마음이 이끄는 대로 놀고 창의적 활동을 할 여유를 마련하고, 긍정적 경험을 되새기고 또 일어나리라 기대하게끔 의식적으로 노력하면 스트레스에 시달린 뇌의 회로가 재구성된다. 즐거운 일을 하면 나를 보호하고 스트레스에 찌든 생활에서 벗어날 수 있다. 그렇다면 과연 어떻게 뇌를 재충전할 수 있을까? 방법을 하나씩 알아보자.

☁ 노는 법을 기억하자

잠깐이라도 좋으니 어른다움을 벗어던지는 것이야말로 놀기의 핵심이다. 일본의 뽑기 기계인 가차폰에는 그 사실이 잘 드러난다(Dooley and Ueno 2021). 뽑기 기계의 손잡이를 돌리면 작은 장난감이 무작위로 굴러나온다. 작동 가능한 노즐이 달린 작은 가스 캔, 송풍관과 팬을 갖춘 미니 에어컨, 미니 빙수기 등, 장난감 자체는 무척 평범하고 흔하다. 뽑기가 재미있는 이유는 어떤 물건이 굴러나올지 예측할 수 없고 일상적인 물건의 미니어처가 재미있어 보이기 때문이다. 뽑기는 소비자에게 가볍고 실없는 즐거움을 선사

한다.

놀이와 창의성은 마음이 가벼워지고, 즐겁고, 우습고, 새롭고, 자의식에서 벗어날 수 있는 모든 활동에서 찾아볼 수 있다. 무엇보다도 사람들은 노는 동안에는 목표나 결과에 매달리는 대신 경험에 내재된 즐거움에 집중한다. 그 순간의 기쁨을 즐기는 것 외의 다른 목적은 없다.

놀이는 목표지향적이지 않다. 친구들에게 자랑하려고 도자기를 빚거나 마라톤에서 우승하기 위해 달리거나 가족이 먹을 식사를 요리하는 일은, 물론 모두 바람직하지만 놀이가 아니다. 놀이란 손에 닿는 점토의 감촉이 좋아서 도자기를 만들고, 내 몸 구석구석의 힘을 느끼고 싶어서 달리며, 그 순간에 집중하고 행복하기 때문에 요리하는 행위다.

일상에 더 많은 놀이를 끼워넣기 위해 해볼 만한 일들을 소개한다.

- 자전거 타기
- 농담하기
- 술래잡기

- 예술작품 감상

- 미술 활동

- 컬러링북

- 낙서하기

- 코미디 프로그램 시청

- 음악 감상

- 노래하기

- 악기 연주

- 춤추기

- 새로운 곳에 가보기

- 목공예

- 시 읽기

- 수집하기

- 나만을 위한 글쓰기

- 나의 좋은 점을 목록으로 쓰기

- 과거의 즐거운 경험을 목록으로 쓰기

- 섹스

- 십자말풀이, 퍼즐, 두뇌 게임

- 실없는 짓하기

지지는 그리기와 만들기를 좋아했던 자신을 떠올리고 다시 그림을 그리기 시작했다. 사이먼은 말타기를 즐기던 기억이 나서 승마를 할 수 있는 근처의 목장을 찾았다. 세실은 자연을 사랑했던 어린 시절을 상기하며 분재를 키웠다. 잭은 어린 시절 우습고 실없던 자신의 모습을 더듬어 동네 바에서 일일 코미디 공연을 했다. 동네를 뛰어다니던 매들린은 프리즈비 놀이를 시작했다. 조시는 레고를 좋아했던 추억을 벗삼아 낡은 배를 수리하는 작업을 개시했다.

당신은 무엇을 하겠는가? 정답은 없다. 그저 어린 시절의 즐거움과 가벼운 마음을 되새기고, 그 느낌을 현재의 삶에 좀 더 끼워넣을 방법을 찾아보자.

유쾌한 마음상태를 장착하자

자유롭고 실없고 창의적으로 행동할 여유를 자신에게 허락

하지 않는 이유는 무엇일까? 어른이 노는 것은 생산성이 떨어지고 시간낭비이며 심지어 무의미하고 한심하게 여기는 사회 풍조도 원인일 것이다. 가족, 일, 학업, 소임과 상관없고 목표지향적이지 않은 일에 시간을 쓰는 게 이기적이라고 느끼는 사람도 많다. 그렇게 생각한다면 사고방식을 바꾸어야 한다. 자유시간을 시간 낭비라고 생각하면 현재에 집중하고 자유시간을 즐기는 능력을 저해하고 불안과 스트레스를 가중하는는 등 심리적 웰빙을 이룰 수 없다(Tonietto et al. 2021). 자유시간이 생산적이며 내게 도움이 된다고 생각을 바꾸는 것은 무척 중요하다. 그래야만 뇌에 그 경험을 각인시킬 수 있기 때문이다.

놀고 창의력을 발휘하는 활동은 업무 프로젝트를 마무리한다든가 짐을 정리하는 일처럼 뚜렷한 목표가 있는 것은 아니다. 하지만 결과지향적이지 않은 일에 집중하면 이후 다시 과제를 마주했을 때 효율, 인내력, 생산성, 해결책을 찾는 능력, 과제에 대한 이해력이 강해진다. 그뿐 아니라 삶의 무게가 가벼워지면 생기 있게 매일의 할 일을 처리할 수 있다. 노는 것은 아끼는 사람들과 친밀해지는 방법이기도 하다. 나는 종종 아홉 살 딸을 들어 침대 위에 던지고 베개와 이불로 둘둘 말아 준다. 이렇게 예측 밖의 실없는 장난을 치다 보면 모두 웃음을 터뜨린다. 일상의 무게를 털고 함께 즐기면 가깝고 친밀해진다.

즐거움과 놀기를 긍정적으로 생각하자. 시간 낭비가 아니라 삶, 심리적 웰빙, 스트레스 해소, 원활한 인간관계 그리고 무엇보다도 내 뇌를 개선하는 방법이기 때문이다. 배 아프도록 웃고 실없는 짓을 하거나 창의적인 활동에 몰입할 때마다 뇌는 스트레스를 말끔히 지우고, 덕분에 우리는 기운을 회복해서 인생을 제대로 살아갈 준비를 갖춘다.

| 문제해결 트레이닝 |

일상에서 일과 놀기의 비율을 파악하자

과제, 삶의 목표, 맡은 책임이 즐거움과 보상보다 무거우면 브레인포그가 일어난다. '이렇게 슬프고 괴롭고 외로운데 온갖 보상, 일, 돈, 새집, 승진이 다 무슨 소용이람'

하고 생각하는 것이다. 일상에서 일과 즐거움의 비율을 파악하자. 이 책을 펼쳤다면 아마 지금 비율은 썩 좋지 않을 것이다. 스트레스 요인과 즐거움 간의 균형을 찾아야 한다. 마감, 할 일, 빨래, 가족행사, 청구서 등의 할 일과 긴장을 풀고, 웃고, 열정을 품고, 재미있게 지내고, 우정을 누리고, 창의력을 펼치는 활동의 균형을 맞추어야 한다. 이왕이면 무게중심이 약간 후자 쪽으로 쏠리면 좋다. 삶이 즐겁고 새로우면 뇌가 긍정적 미래를 기대하기 때문에 부정편향에 빠지는 것을 막을 수 있다.

잠깐 시간을 갖고서 삶을 즐기고 있는지 돌아보자. 더 많은 즐거움을 누릴 여유가 있는가? 즐거움을 누리지 못하도록 가로막는 걸림돌은 무엇인가? 현실로 이루어지지 않을 무지개 끝의 황금 단지만 꿈꾸며 힘들게 살진 않는가? 삶의 즐거움을 휴가 때나 퇴직 이후까지 미룰 필요는 없다. 지금 최고의 삶을 사는 동시에 삶의 초점을 유지하고 집중력과 문제해결력을 끌어올릴 수 있다. 행복하고 함께 어울리면 즐거운 사람으로 거듭나는 것은 덤이다.

부정적 생각에 사로잡히기는 쉽다. 그러나 생각을 열어두면 창의력을 펼치고 즐겁게 놀 기회가 무한히 펼쳐진다. 기쁨을 만끽할 수 있도록 뇌의 회로를 재조정하려면 즐거운 경험을 누리는 동시에 뇌에 각인시켜야 한다. 즐거운 경험을 인지하면(즉 그 경험에 이름을 붙여 주면) 뇌는 웃고, 놀고, 즉흥적으로 행동하고, 본질적으로 즐거운 과제에 집중하는 것이 얼마나 기분 좋은 느낌인지 실감한다. 앞으로 행복하고 평화로우며 웃음이 터지는 순간이 찾아오면 잠깐 멈추고 뇌가 그 경험을 음미할 기회를 주자. 그 경험을 제대로 인지하자. '웃으니까 기분 좋네', '지금 이 순간, 참 행복하다'라고 생각하도록 뇌 회로가 즐거운 방향으로 재구성되게끔 즐거움의 순간에 몰입하고 그 느낌이 얼마나 좋은지 만끽하자.

9장 총정리

브레인포그에서 벗어나 완전히 내 삶으로 돌아오는 마지막
단계는 바로 즐거움과 기쁨을 들여놓을 여유공간을 만드는
것이다. 어른의 삶은 대개 진지하고 목표지향적이지만(어딘
가에 도달하고 무언가를 얻기 위한 일에 매진한다), 미소짓고 웃음
을 터뜨리며 편히 쉴 때 사람들은 다시금 아이처럼 활기를
되찾는다. 멋진 휴가 기간뿐 아니라 일상에서도 매일, 매 순
간 즐거움을 통해 머리를 말끔히 지우고 새로 시작할 수 있
다는 사실을 명심하자.

이제 지금까지 다룬 내용을 발판삼아 브레인포그에서 벗어
나 오늘의 눈부신 햇빛 속으로 발을 내디딜 시간이다.

열 번째 처방

브레인포그와
작별하기

지금 당장 행동하라!

BRAIN
FOG

지금까지 쌓은 발판을 딛고 브레인포그에 작별을 고할 때가 되었다. 드디어 다시 내 삶의 운전석에 앉았고, 목표가 명확해졌으며, 무엇을 해야 할지 알고, 이 책에 담긴 전략이 효과적이라는 사실도 깨달았다. 이제 마지막으로, 지금 나는 행동을 개시할 만큼 의욕이 넘치고, 발판을 딛고 나아가는 데 필요한 인내력이 있는지 생각해보자. (책을 읽으면서 의욕을 얻었길 바라지만), 많은 사람들이 그렇듯 당신 또한 이 책에 담긴 해답을 실천해서 습관으로 굳힐 만큼 매일 자제력을 발휘하기가 어려울 수도 있다.

지금까지 오랫동안 당신은 스트레스를 덜어줄 새로운 일들을 하기에는 너무 힘에 부친 일상을 보냈을 것이다. 당장 처리해야 하는 일이 넘쳐나는 상황에서는 행동방식을 바꾸려고 시도하는 것 자체가 시간 낭비 같을 수 있다. 어쩌면 스트레스를 건강하게 관리하는 로드맵이 없거나, 너무 긴 시간을 하나의 틀에 박힌 채 살아왔는지도 모른다. 어느 쪽이든 간에 브레인포그는 스스로 자기 역량 이상의 짐을 짊어졌을 때 찾아온다(주변 사람이나 전반적인 환경이 내게 짐을 얹는 경우도 마찬가지다). 그러나 자신의 감정적 건강을 보살펴야 한다는 사실을 부정하면 건망증, 불안, 산만, 무기력, 혼란, 과민 등의 후폭풍이 몰아닥친다.

앞서 살펴보았듯 만성 스트레스에 시달리면 같은 일을 반복하며 살게 된다. 나의 생활방식이 좋지 않다는 사실을 알더라도 매일 똑같은 행동을 되풀이하는 것이다. 이미 만들어진 신경회로를 따라 나도 모르는 사이 건강하지 못한 생활을 하게 되고, 어느덧 그런 일상이 기본값으로 굳어진다.

그러나 이제 당신은 내적 역량을 쌓을 로드맵을 손에 넣었다. 역량을 계발하는 과정에서 삶이 제시하는 난관, 갈등, 책무, 혼돈을 넘어 즐거움과 보상을 누릴 준비가 된 자신을 발견하게 될 것이다. 이번 장은 브레인포그를 물리치는 습관을 매일의 일상에 엮어 넣고, 포기하고 싶을 때도 의지를 다지는 방법을 다룬다.

　지금까지의 경험과 후회는 접어두자. 이제 당신에게는 다시 시작하고, 변화를 쌓아나가고, 새롭게 출발할 역량이 있다. 준비되었다면 당장 첫발을 내딛자!

☁ 새로운 길에 집중하자

이 책을 읽으면서 어렵게 느껴지는 부분도 있을 것이다. 다양한 자기돌봄 습관을 어떻게 일상에 엮어 넣을지 막막했을 수도 있다. 과연 이럴 시간이 있을까, 정말 효과가 있을까 자문했을지도 모른다. 이런 회의감을 물리치는 법은 간단하다. 내가 하는 행동, 내가 만나는 사람, 내가 자신에게 전하는 메시지가 나의 기분과 생각을 형성한다는 것을 기억하라. 그 사실에 공감한다면 좀 더 가벼운 마음으로 '나를 위해 전보다 많은 시간을 투자해야겠다'고 결심할 수 있다.

　나를 돌봐야겠다고 마음먹고 매일 이 책에 담긴 트레이

닝을 한두 가지라도 실천한다면 곧 결과가 나타날 것이다. 자신과 공감하고, 나를 돌보고, 남과 소통하는 등 지금까지와는 다른 행동을 할 때마다 뇌는 새로운 방향으로 나아간다. 조금씩 또 조금씩, 하루 또 하루 자신에게 투자하겠다고 선택할 때마다 뇌의 신경회로가 바뀐다. 시간이 지나면 의식적으로 실천하던 행동이 어느덧 자연스러워지고, 행복하고 건강하며 어려운 일도 잘 이겨내는 자신을 발견할 것이다.

내 상태를 잘 살피고 아무리 소소하더라도 한 발짝을 뗄 때마다 브레인포그에서 벗어나고 있다는 사실을 마음 깊이 새기자. 의식적으로 매일의 일상에 트레이닝을 끼워넣겠다고 조용히 다짐하자. 잠시 목표를 놓치거나 포기하고 싶어져도 다시, 또다시 시작하겠다고 결심하자.

☁ 성장의 걸림돌을 치우자

아무리 의도가 좋아도 새로운 습관을 쌓다 보면 온갖 걸림돌을 만난다. 누구나 마찬가지다. 그러므로 변화를 다짐하는 한편, 스트레스를 줄이는 데 방해되는 요인에 관해 생각해야 한다. 통제 불가능한 스트레스에 지금까지와는 다른 방식으로 대처할 때 내 발목을 잡는 요소는 무엇인가? 변화로 나아가는 길에 놓인 장애물을 피할 방법을 고민하자. 시간의 부족이 문제라면 30분 정도 일찍 일어나면 어떨까? 의지가 부족하다면 친구에게 사정을 얘기하고 격려를 부탁하는 방법도 있다.

자신을 비판하거나, 의욕이나 끈기가 부족하거나, 어디서 시작해야 할지 모르는 등 성장을 훼방하는 흔한 문제를 더 자세히 살펴보고 극복 방법을 알아보자.

자기비판에 대처하기

살다 보면 브레인포그를 극복하기 위한 습관을 깡그리 잊는 날이 있을 것이다. 나를 생각할 겨를이 없을 만큼 기진맥진한 날도 있다. 마음속으로는 무엇을 해야 할지 알지만 도저히 하고 싶지 않을 때, 경제적, 직업적, 사회적 난관 탓에 자기성장에 기울일 여력이 남지 않을 때도 있다.

이럴 때는 먼저 내 생활방식에 맞는 적절한 목표를 세웠는지 다시금 점검하자. 진정한 변화에는 생각보다 많은 시간과 노력이 든다는 것을 미처 모르고, 더 완벽하게 노력하지 않았다며 자책하는 사람들도 많다. 지금 당장 원하는 만큼 바뀌지 않았다고 자책하지 말자. 바뀔 수 있다고 믿고 전력을 다하기로 결심했는데도 매일의 목표를 달성하지 못했다며 지나친 자괴감에 빠지지도 말자.

지나친 기대는 종종 자기평가와 내적 비판으로 나타난다. '또 이런 짓을 저지르다니, 난 최악이야', '뭐 하나 제대로 하는 게 없어', '난 분명 문제가 있어', '영영 망한 인생이야', '나란 인간은 실패작이야. 책 한 권을 통째로 읽었는데 아무것도 실천하지 않다니.' 이런 식의 자기비판이야말로 목표를 포기하고 예전으로 되돌아가도록 몰아붙이는 주범이다.

세상에 완벽한 사람은 없다. 장기적인 행동 습관을 완벽하게 바꿀 수 있는 사람도 없다. 성장 과정에서 성공이란 실패를 전혀 겪지 않는다는 의미가 아니다. 피할 수 없는 난관에 맞서면 중요한 슛을 놓친 노련한 농구선수처럼 행동하자. 슛을 놓쳤다는 후회에 얽매이지 말고, 경기에 집중하고, 다음 슛을 쏘는 것이 성공이다.

과거를 뒤로하고 현재로 돌아오자. 중심을 다시 잡고 다시 시작하자. 나 자신과 미래에 투자하겠다는 선택을 따스하게 포용하자. 내 역량을 넘어서는 힘겨운 상황이라면 자신의 처지에 공감하고 수용하자. 기회의 문이 다시 열리고 잠깐이나마 신선한 공기를 다시 마실 수 있게 되면, 또다시 시작하자.

의욕 되살리기

명료하고 평화로운 삶으로 나아가는 동안에도 의욕이 사그라들 때가 있다. 왜 이 책을 읽게 되었는지, 애초에 목표가 무엇이었는지 잊을 수도 있다. 의욕이 줄어든다면 지금 나의 위치를 파악하고 글로 적어두면 좋다. 우선 두 가지 시나리오를 살펴보자.

제임스의 이야기

제임스는 완전히 지친 상태였다. 아침, 점심, 저녁 내내 일했다. 새벽 6시에 업무를 시작했고 8시간이 넘도록 컴퓨터 앞에 줄곧 앉아 있었다. 잠깐 일을 멈추고 방을 한 바퀴 돌거나, 간식을 먹거나, 화장실에 가는 경우도 뜸했다. 가족과 함께 저녁을 먹은 뒤에는 다시 일을 시작해서 종종 새벽 1시까지 일에 매달렸다. 항상 신경이 날카로웠고 긴장이 풀리지 않아 자다가도 한밤중에 깨기 일쑤였다. 불확실한 상황이 두려워 제대로 결정을 내리지 못했다. 정신적으로 너무 지친 탓에 주변 사람들과 함께 시간을 보내거나 쉬면서 즐기지 못했다. 잠시 시간이 나면 텔레비전이나 스마트폰에 멍하니 빠져 있었다. 그러고는 시간을 낭비했다고 자책하고 게을러서 생산적인 일을 하지 않았다며 자괴감에 휩싸였다. 제임스는 충분히 열심히 일하면 이른 나이에 퇴직해서 쉴 수 있으리라 되뇌면서 의욕을 되살렸다.

에이든의 이야기

에이든은 직장에 있는 동안에는 업무에 집중했지만 6시가 되면 정시 퇴근했다. 더 많은 업무를 처리할 에너지가 남아 있었지만 일에 인생을 모두 갈아 넣고 싶지 않아서다. 퇴근하고 나면 옷을 갈아입고 마음 편히 지냈다. 아이들의 숙제를 돕거나 가족과 게임을 하고, 배우자와 영화를 보기도 했다. 바쁜 생활이었지만 매일 자신을 위한 시간을 냈다. 10분간 명상이나 가벼운 운동을 하거나 자신의 신체적, 감정적 상태를 확인하는 등 간단한 일을 했다. 주말에 일하는 경우는 드물었고, 보트 박람회에 가거나 보트를 손질하며 시간을 보냈다. 부부 사이도 좋고 자녀와 친구들과도 충분한 시간을 보냈다. 에이든은 삶에 만족했고 감사했다. 종종 퇴직 이후에 대해서도 생각했지만 지금의 생활이 가능한 오래 유지되기를 바랐다.

위의 두 이야기와 내 모습을 비교해보자. 어느 쪽이 내 상황과 더 비슷한가? 이제 나의 이야기는 어떻게 흘러갈지, 나는 지금까지 어떻게 살았고, 앞으로 어떻게 살고 싶은지 생각해보자. 살면서 나침반이 필요할 때마다 그 생각이 나아갈 방향을 보여줄 것이다.

나의 이야기를 쓰자

일기장을 펴고 이 책을 읽기 전에는 어떤 생활을 했는지 써보자. 어떤 기분이었는지 기억을 되살려보자. 예전의 몸 상태를 떠올리고 어떤 느낌이었는지, 긴장되고 건강하지 못하고 혼란스러운 상태는 아니었는지 적어보자. 정신적으로는 어떤 상태였는가? 스트레스에 시달리고 건망증이 심하고 체계적이지 못한 생활이었는가? 당시 주변 사람들은 나에 대해 어떻게 생각했을까? 나는 내 삶과 내 몸에 집중했던가?

이제 앞으로 나아가는 나에 대한 새로운 이야기를 적어가자. 외적으로 어떤 모습을 하고, 내면에서는 어떤 감정을 느끼고 싶은지 생각해보자. 나를 돌아보고 외적으로 어떻게 변하면 좋을지 떠올리자. 신체적으로 편안하고 안정된 모습을 추구하는가? 무엇이든 머릿속에 떠오르는 생각이나 이미지를 묘사해보자. 다음으로는 내면을 살펴보고, 감정적 자아가 어떤 느낌으로 충만하면 좋을지 생각해보자. 평화롭고 행복하고 현재에 집중하는 모습을 추구하는가? 미래의 내가 느낄 감정을 나만의 방식으로 설명해보자. 심신이 편안해지면 일상은 어떤 모습으로 바뀔까? 지금 당장은 불가능하게 느껴지지만 앞으로 할 수 있는 일은 무엇일까?

당신이 적은 쓴 새로운 이야기를 필요할 때마다 읽으라. 앞으로 나아가고 새로운 삶을 사는 데 좋은 길잡이가 되어줄 것이다.

출발점을 파악하기

지금쯤이면 이 책에 담긴 트레이닝이 효과적이라고 확신했을 것이다. 그러나 어디서부터 시작해야 좋을지 엄두가 나지 않을 수 있다. 그런 경우, 번아웃을 벗어나 명료한 삶으로 나아가는 여러 가지 방법을 목록으로 적어보면 시작하기 쉬워진다.

브레인포그를 극복하는 방법

지금까지 이 책에서 다룬 여러 방법을 목록으로 정리했다.

- 내가 통제할 수 있는 요인과 통제 밖에 있는 요인을 쭉 적는다.
- 눈앞의 문제를 개선하기 위해 내가 할 수 있는 작은 일들의 목록을 만든다.
- 불확실성은 피할 수 없는 삶의 일부라는 사실을 받아들인다.
- 15분간 나 자신을 위해 마련한 더 큰 목표를 실행하는 데 집중한다.
- 친구에게 전화하고, 대화에 완전히 집중한다.
- 친구와 지금 내가 겪는 문제에 관한 이야기를 나눈다.
- 자원봉사를 한다.
- 걷는다.
- (텔레비전, 스마트폰, 컴퓨터 등) 화면을 들여다보는 시간

을 줄인다.

- 아침에 일어나자마자 스마트폰을 확인하지 않는다.

- 술과 담배를 줄인다.

- 끝없이 텔레비전을 보거나, 게임하거나, 포르노 시청을 줄인다.

- 사회적 활동에 참여한다.

- 자기 전에는 전자기기를 끄고 책을 읽는다.

- 친구와 평소 터놓고 하지 않았던 이야기를 나눈다.

- 시간을 내서 사람들과 잡담을 한다.

- 머리 꼭대기로 따뜻하고 다정한 빛이 들어와 발끝까지 비추는 것을 상상한다.

- 10분간 나 자신의 감정 상태를 살핀다.

- 말이나 글로 내 감정을 표현한다.

- 넷을 세는 동안 천천히 숨을 들이마시고, 다시 넷을 세며 천천히 숨을 내쉰다.

- 호흡하는 동안 마음이 진정되는 모습을 머릿속으로 떠올린다.

- 점진적 근육이완을 한다. 셋을 세면서 숨을 들이마시

는 동안 몸의 각 근육을 조이고, 다시 셋을 세면서 숨을 내쉬는 동안 근육을 이완시킨다.

- 영양에 신경 쓴다.
- 건강한 수면에 신경 쓴다.
- 운동한다.
- 긴장을 푸는 데 도움이 되는 활동을 한다.
- 자연 속에서 15분간 시간을 보낸다. 나뭇잎, 나무, 하늘, 구름을 보며 호흡한다.
- 카페인을 줄이거나 끊는다.
- 내가 무슨 생각을 하는지 관찰한다.
- 비현실적인 생각을 하고 있다면 반박한다.
- 내가 최악의 상황을 상상하고 있다는 사실을 자각한다.
- 내가 잘못된 결론을 내리고 있다는 사실을 자각한다.
- 문제를 곱씹는 대신 능동적으로 문제를 해결한다.
- 생각을 일기로 기록한다.
- 마음챙김을 염두에 두고 음식을 먹는다.
- 각 감각에 집중한다.

- 수용을 실천한다.

- 호흡과 몸의 감각에 집중한 상태로 10분간 마음챙김을 하며 자신과 함께한다.

- 자신에게 다정하고 애정 어린 말을 해 준다.

- 새로운 경험을 한다.

- (예전처럼) 즐거운 시간을 갖는다.

- 어린 시절, 어떻게 즐거운 시간을 보냈는지 떠올린다.

- 삶에서 즐거운 일을 늘리기 위해 노력한다.

- 내 삶에서 좋은 점을 모두 적어본다.

- 계속 내 편이 되어준다.

이 책에 담긴 브레인포그의 해결책 중 몇 가지가 특히 설득력 있게 느껴졌다면 주요 트레이닝 목록에 넣자. 어디에 초점을 맞출지 파악하고 나면, 생각을 행동으로 옮길 주간 일정을 짜는 데 도움이 된다.

일주일의 계획을 세우자

다음 주 일정을 살펴본 다음 트레이닝 한두 가지를 매일의 일정에 끼워 넣자. 잊거나 빼먹었다면 다음날 하면 된다. 이 책에서 소개한 트레이닝은 대부분 15분도 채 걸리지 않는다. 운동하려면 큰맘을 먹어야 할 수도 있지만 단 15분이라도 격한 운동을 하면 뇌에 긍정적 영향을 미친다는 것을 기억하자.

주간 일정을 짜는 방법은 단순하고 직관적이다. 예를 들면 다음과 같다.

- **월요일:** 10분간 마음챙김 명상을 한다. 과일과 채소를 가득 넣은 스무디를 한 잔 마신다.
- **화요일:** 15분간 동네를 산책한다. 내 감정적 자아를 살핀다.
- **수요일:** 옛 친구에게 전화해서 대화에 집중하고 속내

를 나눈다. 코미디 프로그램을 본다.

- **목요일**: 생각을 글로 쓰고 잘못된 결론이 없는지 살핀다. 눈에 자주 띄는 공간에 수용과 공감을 불러일으키는 생각을 적은 포스트잇을 붙여 둔다.
- **금요일**: 따뜻한 목욕을 하고 마음챙김을 하며 긴장을 푼다. 15분간 일, 가족, 인간관계에 관련된 더 큰 목표를 생각해 보고 글로 적는다.
- **토요일**: 좋은 책을 읽는다. 마음챙김을 염두에 두고 세 끼를 잘 챙겨 먹는다.
- **일요일**: 마음챙김을 염두에 두고 자연 속에서 하이킹한다. 가까운 무료급식소에서 자원봉사를 한다.

하루에 단 15분이라도 좋으니 자신을 위한 여유를 마련하면 몸과 일상에 목표를 깊이 새길 수 있다.

목표를 밝히고 의지를 다지기

브레인포그에서 벗어나지 못하는 이유 중 하나는 사람들

이 이런 모습을 남부끄럽게 여기기 때문이다. 거짓 자아가 여기서 등장한다. 생활이 망가지고 있는데도 아무 문제 없는 척 직장 동료, 가족, 가까운 친구를 대한다. 이렇게 브레인포그를 숨기는 데에는 많은 에너지가 낭비된다. 반면 내 상황을 남에게 알리면 새로운 에너지가 흘러들어와 의욕이 생기고 긍정적 습관을 계속 실천하는 데 도움이 된다.

새로운 습관을 실천할 때 내 목표를 남에게 알리면 성공률이 훨씬 높아진다. 입 밖으로 소리 내어 말하기만 해도 목표가 더 현실적으로 느껴지고 회피하거나 부정하기 어려워진다.

이 책을 읽고 브레인포그를 자각했다고 주변에 털어놓고 진정한 의미의 도움을 받자. 사고방식을 개선하고 에너지를 얻기 위해 세운 목표와 지금 하는 노력에 대해서도 알리자. 주변 사람 몇몇과 나의 진전, 좌절, 나 자신에 대해 발견한 사실, 내가 명료한 삶으로 나아가는 데 필요한 요소 등에 관한 이야기를 나누면서 의지를 다지자.

컴퓨터나 스마트폰의 일정표의 알림을 설정하거나 거울이나 차의 대시보드 등 눈에 띄는 곳에 포스트잇을 붙여두는 것도 결심을 일깨우는 데 도움이 된다. '심호흡'이라고 쓴 포스트잇 하나만으로도 뇌에게 나를 위한 여유를 가질 시간이라는 신호를 보낼 수 있다.

매달 습관 목록을 재점검하자. 무엇을 실천하고 또 회피하는 중인지 돌아보자. 의지를 다진 다음 새롭게 시작하자.

끈기를 갖고 실천하기

지금까지 살펴보았듯 뇌는 변화를 좋아하지 않아서 새로운 패턴을 만들려면 노력을 기울여야 한다. 그래서 성장으로 향하는 길은 울퉁불퉁하고 평탄치 않다. 피곤하고 게을러져서 예전의 쉬운 패턴으로 돌아가고 싶어지는 것도 당연하다.

포기하고 싶을 때면 불편을 겪지 않고는 성장할 수 없다는 사실을 기억하자. 불편한 느낌은 내가 성장하고 있으며 안전지대 밖으로 나가고 있다는 신호다. 사람은 안전지대 밖으로 나가는 바로 그 순간에 변화한다.

평화롭고 차분하며 초점을 잃지 않고 현재에 집중하는 삶을 위한 원정에서 성공하려면, 계속 나아가면 분명 보상이 있다는 사실을 믿어야 한다. 좌절을 겪고 운이 따라 주지 않으며 열심히 했는데 기분이 최악인 날이 있어도 실패는 아니다. 매일, 매 순간 얼마나 나아갔는지 생각하지 말고 한 달, 두 달…… 6개월이 흐른 뒤에 내 모습을 확인하자. 그러면 성장의 큰 그림에 초점을 맞출 수 있고 지금 잘하지 못하는 부분에 실망해서 주저앉을 일도 없다.

　문제에 부딪히거나 브레인포그에서 벗어나려는 목표를 잊으면 중심을 잡고 다시 시작하자. 시간이 지나면 더 뚜렷한 길이 모습을 드러낼 것이다.

10장 총정리

지금부터 새롭게 시작하겠다고 스스로 다짐했을 것이다. 당신에게는 지금 당장 변화를 만들어나갈 힘이 있다. 이 책에 담긴 해결책을 잘 이해했고 매일의 일상에 트레이닝을 끼워 넣을 탄탄한 계획도 있다. 며칠이고 한 가지 트레이닝에만 매달리거나 완벽하게 해내지 않아도 괜찮다. 단, 진심을 다해야 한다. 포기하고 싶어질 때는 나 자신을 있는 그대로 받아주며 따뜻하게 공감하자. 그런 다음 다시 마음을 가다듬어 명료하고 안정된 삶을 향한 여정에 오르자. 몇 번이고 다시, 또다시.

- American Sleep Association. 2022. "Sleep and Sleep Disorder Statistics." www.sleepassociation.org/about-sleep/sleep-statistics/.

- Bavelier, D., M. Dye, and P. C. Hauser. 2006. "Do Deaf Individuals See Better?" Trends in Cognitive Sciences 10 (11): 512-18.

- Baycrest. 2017. "Baycrest Creates First Canadian Brain Health Food Guide for Adults." https://www.baycrest.org/Baycrest-Pages/News-Media/News/Research/Baycrest-creates-first-Canadian-Brain-Health-Food.

- Davis, D. M., and J. A. Hayes. 2011. "What Are the Benefits of Mindfulness? A Practice Review of Psychotherapy-Related Research." Psychotherapy 48 (2): 198-208.

- Desbordes, G., L. T. Negi, T. W. W. Pace, B. A. Wallace, C. L. Raison, and E. L. Schwartz. 2012. "Effects of Mindful-Attention and Compassion Meditation Training on Amygdala Response to Emotional Stimuli in an Ordinary, Non-Meditative State." Frontiers in Human Neuroscience6: 292.

https://doi.org/10.3389/fnhum.2012.00292.

- Dewall, C. N., G. Macdonald, G. D. Webster, C. L. Masten, R. F. Baumeister, C. Powell, D. Combs, D. R. Schurtz, T. F. Stillman, D. M. Tice, and N. I. Eisenberger 2010. "Acetaminophen Reduces Social Pain: Behavioral and Neural Evidence." Psychological Science 21 (7): 931-37.

- Dooley, B., and H. Ueno. 2021. "A Tiny Gas Meter? The More Mundane the Better for Japan's Capsule Toys." The New York Times. October 8. www.nytimes.com/2021/10/08/business/japan-capsule-toys-gachapon.html.

- Fox, K. C., S. Nijeboer, M. L. Dixon, J. L., Floman, M. Ellamil, S. P. Rumak, P. Sedlmeier, and K. Christoff. 2014. "Is Meditation Associated with Altered Brain Structure? A Systematic Review and Meta-Analysis of Morphometric Neuroimaging in Meditation Practitioners." Neuroscience and Biobehavioral Reviews 43: 48-73.

- Gold, J., and J. Ciorciari. 2020. "A Review on the Role of the Neuroscience of Flow States in the Modern World."

Behavioral Sciences (Basel, Switzerland) 10 (9): 137.

- Gray, P. 2014. "The Decline of Play and Rise of Mental Disorders." TEDx Talks, June 13. https://www.youtube.com/watch?v=Bg-GEzM7iTk&t=135s.

- Harvard Study of Adult Development. 2015. https://www.adultdevelopmentstudy.org.

- Holzel, B. K., J. Carmody, M. Vangel, C. Congleton, S. M. Yerramsetti, T. Gard, and S. W. Lazar. 2011. "Mindfulness Practice Leads to Increases in Regional Brain Gray Matter Density." Psychiatry Research 191 (1): 36–43.

- Isbel, B., J. Weber, J. Lagopoulos, K. Stefanidis, H. Anderson, and M. J. Summers. 2020. "Neural Changes in Early Visual Processing After Six Months of Mindfulness Training in Older Adults." Scientific Reports 10: 21163.

- Killingsworth, M. A., and D. T. Gilbert. 2010. "A Wandering Mind Is an Unhappy Mind." Science 330 (6006): 932.

- Kral, T., B. S. Schuyler, J. A. Mumford, M. A. Rosenkranz, A. Lutz, and R. J. Davidson. 2018. "Impact of Short- and

Long-Term Mindfulness Meditation Training on Amygdala Reactivity to Emotional Stimuli." NeuroImage 181: 301-13.

- LeDoux, J. 1996. The Emotional Brain. New York: Simon and Schuster.

- Lieberman, M. 2014. Social: Why Our Brains Are Wired to Connect. New York: Crown.

- Litwin, H., E. Schwartz, and N. Damri. 2017. "Cognitively Stimulating Leisure Activity and Subsequent Cognitive Function: A SHARE-Based Analysis." Gerontologist57 (5): 940-48.

- Louie, D., K. Brook, and E. Frates. 2016. "The Laughter Prescription: A Tool for Lifestyle Medicine." American Journal of Lifestyle Medicine 10 (4): 262-67.

- Luders, E., N. Cherbuin, and F. Kurth. 2015. "Forever Young(er): Potential Age-Defying Effects of Long-Term Meditation on Gray Matter Atrophy." Frontiers in Psychology January 21. https://doi.org/10.3389/fpsyg.2014.01551.

- Magnuson, C. D., and L. A. Barnett. 2013. "The Playful

Advantage: How Playfulness Enhances Coping with Stress." Leisure Sciences 35 (2): 129-44.

- Manninen, S., L. Tuominen, R. I. Dunbar, T. Karjalainen, J. Hirvonen, E. Arponen, R. Hari, I. P. Jaaskelainen, M. Sams, and L. Nummenmaa. 2017. "Social Laughter Triggers Endogenous Opioid Release in Humans." The Journal of Neuroscience 37 (5): 6125-31.

- Myrick, J. G., R. Nabi, and N. J. Eng. 2021. "Consuming Memes During the COVID Pandemic: Effects of Memes and Meme Type on COVID-Related Stress and Coping Efficacy." Psychology of Popular Media. Advance online publication. https://doi.org/10.1037/ppm0000371.

- Proyer, R. 2013. "The Well-Being of Playful Adults: Adult Playfulness, Subjective Well-Being, Physical Well-Being, and the Pursuit of Enjoyable Activities." European Journal of Humour Research 1 (1): 84-98.

- Salinas, J., A. O'Donnell, D. J. Kojis, M. P. Pase, C. DeCarli, D. M. Rentz, L. F. Berkman, A. Beiser, and S. Seshadri. 2021.

"Association of Social Support with Brain Volume and Cognition." Journal of the American Medical Association Network Open 4 (8): e2121122.

- Schertz, K. E., and M. G. Berman. 2019. "Understanding Nature and Its Cognitive Benefits." Current Directions in Psychological Science 28 (5): 496-502.

- Singleton, O., B. K. Holzel, M. Vangel, N. Brach, J. Carmody, and S. W. Lazar. 2014. "Change in Brainstem Gray Matter Concentration Following a Mindfulness-Based Intervention Is Correlated with Improvement in Psychological Well-Being." Frontiers in Human Neuroscience 8 (1): 33.

- Smith, P. J., J. A. Blumenthal, M. A. Babyak, L. Craighead, K. A. Welsh-Bohmer, J. N. Browndyke, T. A. Strauman, and A. Sherwood. 2010. "Effects of the Dietary Approaches to Stop Hypertension Diet, Exercise, and Caloric Restriction on Neurocognition in Overweight Adults with High Blood Pressure." Hypertension 55 (6): 1331-38.

- Tonietto, G. N., S. A. Malkoc, R. W. Reczek, and M. I. Norton.

2021. "Viewing Leisure as Wasteful Undermines Enjoyment." Journal of Experimental Social Psychology 97: 104198.

- Valls-Pedret, C., A. Sala-Vila, M. Serra-Mir, D. Corella, R. de la Torre, M. A. Martinez-Gonzalez, E. H. Martinez-Lapiscina, M. Fito, A. Perez-Heras, J. Salas-Salvado, R. Estruch, and E. Ros. 2015. "Mediterranean Diet and Age-Related Cognitive Decline: A Randomized Clinical Trial." JAMA Internal Medicine 175 (7): 1094-103.

- Vogel, S., and L. Schwabe. 2016. "Learning and Memory Under Stress: Implications for the Classroom." Nature Partner Journal Science of Learning 1: 16011. https://doi.org/10.1038/npjscilearn.2016.11.

- Yates, L. A., S. Ziser, A. Spector, and M. Orrell. 2016. "Cognitive Leisure Activities and Future Risk of Cognitive Impairment and Dementia: Systematic Review and Meta-Analysis." International Psychogeriatrics 28 (11): 1791-1806.

- Yeh, T. S., C. Yuan, A. Ascherio, B. Rosner, W. C. Willett, and D. Blacker. 2021. "Long-Term Dietary Flavonoid Intake

and Subjective Cognitive Decline in US Men and Women."
Neurology 97 (10): e1041-56.

내 삶의 몰입과 집중을 되찾는 10가지 방법

브레인포그

제1판 1쇄 발행 | 2023년 9월 22일
제1판 6쇄 발행 | 2024년 11월 6일

지은이 | 질 P. 웨버
옮긴이 | 진정성
펴낸이 | 김수언
펴낸곳 | 한국경제신문 한경BP

주소 | 서울특별시 중구 청파로 463
기획출판팀 | 02-3604-556, 584
영업마케팅팀 | 02-3604-595, 562   FAX | 02-3604-599
H | http://bp.hankyung.com   E | bp@hankyung.com
F | www.facebook.com/hankyungbp
등록 | 제 2-315(1967. 5. 15)

ISBN 978-89-475-4915-8   03180